纪录小康工程

全面建成小康社会

山西变迁志

SHANXI BIANQIANZHI

本书编写组

山西出版传媒集团

山西人民出版社

责任编辑：李建业　姚　澜
封面设计：石笑梦　郝彦红
版式设计：王欢欢　郝彦红

图书在版编目（CIP）数据

全面建成小康社会山西变迁志 / 本书编写组编 . —— 太原：山西人民出版社，
　2022.10
　（纪录小康工程）
ISBN 978–7–203–12310–1

Ⅰ.①全… Ⅱ.①本… Ⅲ.①小康建设—概况—山西 Ⅳ.① F127.25

中国版本图书馆 CIP 数据核字（2022）第 097941 号

全面建成小康社会山西变迁志

QUANMIAN JIANCHENG XIAOKANG SHEHUI SHANXI BIANQIANZHI

本书编写组

山西出版传媒集团 · 山西人民出版社出版发行
（030012　太原市建设南路 21 号）

山西出版传媒集团 · 山西新华印业有限公司印刷　新华书店经销

2022 年 10 月第 1 版　2022 年 10 月山西第 1 次印刷

开本：720 毫米 ×1020 毫米 1/16　印张：18.75

字数：252 千字

ISBN 978-7-203-12310-1　定价：66.00 元

邮购地址：030012 太原市建设南路 21 号

山西人民出版社发行中心　电话：（0351）4922220　4955996　4956039

总　序

为民族复兴修史　为伟大时代立传

　　小康，是中华民族孜孜以求的梦想和夙愿。千百年来，中国人民一直对小康怀有割舍不断的情愫，祖祖辈辈为过上幸福美好生活劳苦奋斗。"民亦劳止，汔可小康""久困于穷，冀以小康""安得广厦千万间，大庇天下寒士俱欢颜"……都寄托着中国人民对小康社会的恒久期盼。然而，这些朴素而美好的愿望在历史上却从来没有变成现实。中国共产党自成立那天起，就把为中国人民谋幸福、为中华民族谋复兴作为初心使命，团结带领亿万中国人民拼搏奋斗，为过上幸福生活胼手胝足、砥砺前行。夺取新民主主义革命伟大胜利，完成社会主义革命和推进社会主义建设，进行改革开放和社会主义现代化建设，开创中国特色社会主义新时代，经过百年不懈奋斗，无数中国人摆脱贫困，过上衣食无忧的好日子。

　　特别是党的十八大以来，以习近平同志为核心的党中央统揽中华民族伟大复兴战略全局和世界百年未有之大变局，团结带领全党全国各族人民统筹推进"五位一体"总体布局、协调推进"四个全面"战略布局，万众一心战贫困、促改革、抗疫情、谋发展，党和国家事业取得历史性成就、发生历史性变革。在庆祝中国共产党成立100周年大会上，习近平总书记庄严宣告："经过全党全国各族人民持续奋斗，我们实现了第一个百年奋斗目标，在中华大地上全面建成了小康社会，历史性地解决了绝对贫困问题，正在意气风发向着全面建成社会主义现代化强国的第二个百年奋斗目标迈进。"

这是中华民族、中国人民、中国共产党的伟大光荣！这是百姓的福祉、国家的进步、民族的骄傲！

全面小康，让梦想的阳光照进现实、照亮生活。从推翻"三座大山"到"人民当家作主"，从"小康之家"到"小康社会"，从"总体小康"到"全面小康"，从"全面建设"到"全面建成"，中国人民牢牢把命运掌握在自己手上，人民群众的生活越来越红火。"人民对美好生活的向往，就是我们的奋斗目标。"在习近平总书记坚强领导、亲自指挥下，我国脱贫攻坚取得重大历史性成就，现行标准下9899万农村贫困人口全部脱贫，建成世界上规模最大的社会保障体系，居民人均预期寿命提高到78.2岁，人民精神文化生活极大丰富，生态环境得到明显改善，公平正义的阳光普照大地。今天的中国人民，生活殷实、安居乐业，获得感、幸福感、安全感显著增强，道路自信、理论自信、制度自信、文化自信更加坚定，对创造更加美好的生活充满信心。

全面小康，让社会主义中国焕发出蓬勃生机活力。经过长期努力特别是党的十八大以来伟大实践，我国经济实力、科技实力、国防实力、综合国力跃上新的大台阶，成为世界第二大经济体、第一大工业国、第一大货物贸易国、第一大外汇储备国，国内生产总值从 1952 年的 679 亿元跃升至 2021 年的 114 万亿元，人均国内生产总值从 1952 年的几十美元跃升至 2021 年的超过 1.2 万美元。把握新发展阶段、贯彻新发展理念、构建新发展格局、推动高质量发展，全面建设社会主义现代化国家，我们的物质基础、制度基础更加坚实、更加牢靠。全面建成小康社会的伟大成就充分说明，在中华大地上生气勃勃的创造性的社会主义实践造福了人民、改变了中国、影响了时代，世界范围内社会主义和资本主义两种社会制度的历史演进及其较量发生了有利于社会主义的重大转变，社会主义制度优势得到极大彰显，中国特色社会主义道路越走越宽广。

全面小康，让中华民族自信自强屹立于世界民族之林。中华民族有五千多年的文明历史，创造了灿烂的中华文明，为人类文明进步作出了卓越贡献。近代以来，中华民族遭受的苦难之重、付出的牺牲之大，世所罕见。中国共产党带领中国人民从沉沦中觉醒、从灾难中奋起，前赴后继、百折不挠，战胜各种艰难险阻，取得一个个伟大胜利，创造一个个发展奇迹，用鲜血和汗水书写了中华民族几千年历史上最恢宏的史诗。全面建成小康社会，见证了中华民族强大的创造力、坚韧力、爆发力，见证了中华民族自信自强、守正创新精神气质的锻造与激扬，实现中华民族伟大复兴有了更为主动的精神力量，进入不可逆转的历史进程。今天，我们比历史上任何时期都更接近、更有信心和能力实现中华民族伟大复兴的目标，中国人民的志气、骨气、底气极大增强，奋进新征程、建功新时代有着前所未有的历史主动精神、历史创造精神。

全面小康，在人类社会发展史上写就了不可磨灭的光辉篇章。中华民族素有和合共生、兼济天下的价值追求，中国共产党立志于为人类谋进步、为世界谋大同。中国的发展，使世界五分之一的人口整体摆脱贫困，提前十年实现联合国 2030 年可持续发展议程确定的目标，谱写了彪炳世界发展史的减贫奇迹，创造了中国式现代化道路与人类文明新形态。这份光荣的胜利，属于中国，也属于世界。事实雄辩地证明，人类通往美好生活的道路不止一条，各国实现现代化的道路不止一条。全面建成小康社会的中国，始终站在历史正确的一边，站在人类进步的一边，国际影响力、感召力、塑造力显著提升，负责任大国形象充分彰显，以更加开放包容的姿态拥抱世界，必将为推动构建人类命运共同体、弘扬全人类共同价值、建设更加美好的世界作出新的更大贡献。

回望全面建成小康社会的历史，伟大历程何其艰苦卓绝，伟大胜利何其光辉炳耀，伟大精神何其气壮山河！

这是中华民族发展史上矗立起的又一座历史丰碑、精神丰碑！这座丰碑，凝结着中国共产党人矢志不渝的坚持坚守、博大深沉的情怀胸襟，辉映着科学理论的思想穿透力、时代引领力、实践推动力，镌刻着中国人民的奋发奋斗、牺牲奉献，彰显着中国特色社会主义制度的强大生命力、显著优越性。

因为感动，所以纪录；因为壮丽，所以丰厚。恢宏的历史伟业，必将留下深沉的历史印记，竖起闪耀的历史地标。

中央宣传部牵头，中央有关部门和宣传文化单位，省、市、县各级宣传部门共同参与组织实施"纪录小康工程"，以为民族复兴修史、为伟大时代立传为宗旨，以"存史资政、教化育人"为目的，形成了数据库、大事记、系列丛书和主题纪录片4方面主要成果。目前已建成内容全面、分类有序的4级数据库，编纂完成各级各类全面小康、脱贫攻坚大事记，出版"纪录小康工程"丛书，摄制完成纪录片《纪录小康》。

"纪录小康工程"丛书包括中央系列和地方系列。中央系列分为"擘画领航""经天纬地""航海梯山""踔厉奋发""彪炳史册"5个主题，由中央有关部门精选内容组织编撰；地方系列分为"全景录""大事记""变迁志""奋斗者""影像记"5个板块，由各省（区、市）和新疆生产建设兵团结合各地实际情况推出主题图书。丛书忠实纪录习近平总书记的小康情怀、扶贫足迹，反映党中央关于全面建成小康社会重大决策、重大部署的历史过程，展现通过不懈奋斗取得全面建成小康社会伟大胜利的光辉历程，讲述在决战脱贫攻坚、决胜全面小康进程中涌现的先进个人、先进集体和典型事迹，揭示辉煌成就和历史巨变背后的制度优势和经验启示。这是对全面建成小康社会伟大成就的历史巡礼，是对中国共产党和中国人民奋斗精神的深情礼赞。

历史昭示未来，明天更加美好。全面建成小康社会，带给中国人民的是温暖、是力量、是坚定、是信心。让我们时时回望小康历程，深入学习贯彻习近平新时代中国特色社会主义思想，深刻理解中国共产党为什么能、马克思主义为什么行、中国特色社会主义为什么好，深刻把握"两个确立"的决定性意义，增强"四个意识"、坚定"四个自信"、做到"两个维护"，以坚如磐石的定力、敢打必胜的信念，集中精力办好自己的事情，向着实现第二个百年奋斗目标、创造中国人民更加幸福美好生活勇毅前行。

序 言

中共山西省委书记　林武

在中国共产党百年华诞之际，中华民族迎来又一个历史时刻——如期全面建成小康社会。

2021 年 7 月 1 日，习近平总书记在庆祝中国共产党成立 100 周年大会上庄严宣告："经过全党全国各族人民持续奋斗，我们实现了第一个百年奋斗目标，在中华大地上全面建成了小康社会，历史性地解决了绝对贫困问题，正在意气风发向着全面建成社会主义现代化强国的第二个百年奋斗目标迈进。"

习近平总书记的铿锵话语，标志着几千年来中国人民的守望与追求，在中国共产党人的接续奋斗中，在中国特色社会主义新时代，终于变成了现实，全面小康的里程碑巍然矗立在中华民族伟大复兴之路上。

在这一伟大进程中，山西与全国一道全面建成小康社会，书写了山西发展史上辉煌壮丽的篇章。今天的三晋大地，能源大省作用充分彰显，转型发展呈现强劲态势，社会主义民主法治更加健全，群众精神风貌更加昂扬，民生保障水平稳步提高，生态文明建设取得显著成效，政治生态不断迈向持久的风清气正，全方位推动高质量发展蔚然成势。

回望这一伟大进程，习近平总书记2017年6月、2020年5月两次亲临山西考察，带来了党中央对老区人民的亲切关怀，给予山西工作最大的支持。山西之所以能浴火重生、开创新局、同步小康，根本在于习近平总书记的领航掌舵，根本在于习近平新时代中国特色社会主义思想的科学指引！

回望这一伟大进程，全省各级党组织团结带领广大干部群众，准确把握全面建成小康社会的基本要求和重点任务，统筹疫情防控和经济社会发展，统筹发展和安全，一棒接着一棒跑，一年接着一年干，不反复不折腾，一张蓝图绘到底，汇聚起众志成城促脱贫、团结奋进奔小康的磅礴力量。在这个过程中，每个人都出了力，每个人都了不起！

纪录好这一伟大进程、呈现好这一伟大成就，是历史的呼唤、人民的期盼。根据党中央统一部署，全国于2021年初启动实施"纪录小康工程"，其中编写"纪录小康工程"系列丛书是这项工程的收官之作。为此，省委专门成立由省委宣传部牵头、省委党史研究院（地方志研究院）等部门参与的工作专班，精心编写"纪录小康工程"丛书（山西卷），郑重地把"小康印记"铭刻在山西的前进道路上。这套丛书共5册，包括《全面建成小康社会山西全景录》《全面建成小康社会山西大事记》

《全面建成小康社会山西变迁志》《全面建成小康社会山西奋斗者》和《全面建成小康社会山西影像记》。丛书以清晰的脉络、翔实的数据、生动的事例，全面总结了我省决战脱贫攻坚、决胜全面小康的生动实践，生动展示了三晋大地发生的巨大变化，热情讴歌了全省上下顽强拼搏、锐意进取的精神风貌，是一份纪录山西全面建成小康社会的珍贵档案，也是一套推动党史学习教育常态化长效化的生动教材。要运用好这套丛书，更好地激励全省党员干部群众增长智慧、增进团结、增加信心、增强斗志，建功新时代、奋进新征程。

全面建成小康社会不是终点，而是新生活新奋斗的起点。在全面建设社会主义现代化国家新征程中，山西承载着更光荣的使命、面临着更艰巨的任务。2022 年 1 月 26 日至 27 日，习近平总书记五年内第三次亲临山西调研，亲切看望慰问基层干部群众，充分肯定党的十九大以来山西各项工作，要求我们"全面贯彻落实党中央决策部署，坚持稳中求进工作总基调，完整、准确、全面贯彻新发展理念，积极服务和融入新发展格局，统筹疫情防控和经济社会发展，统筹发展和安全，继续做好'六稳''六保'工作，持续改善民生，在高质量发展上不断取得新突破，以实际行动迎接党的二十大胜利召开，续写山西践行新时代中国特色社会主义新篇章"。全省党员干部群众要深入学习贯彻习近平总书记考察调研山西重要指示精神，深刻认识"两个确立"的决定性意义，进一步增强"四个意识"、坚定"四个自信"、做到"两个维护"，解放思想、实事求是，真抓实干、久久为功，不断开创我省全方位推动高质量发展新局面，为实现第二个百年奋斗目标、实现中华民族伟大复兴的中国梦不懈奋斗！

是为序！

2022 年 5 月

目　录

幸福生活篇

　　"现在跟以前相比，生活可真是大变样！"百姓唠嗑的寻常话中，饱含着多少翻天覆地的事件、多少令人激动的欢乐、多少屈指难计的收获、多少亘古未有的变革！

　　变化反映在方方面面，从社会治安到百姓餐桌，处处都是变化：社会治安持续向好，从扫黑除恶到平安山西，到立体化信息化社会治安体系，到疫情安全防控，护佑百姓生命健康安全，让百姓生活更加安定有序。百姓餐桌，从中华人民共和国成立初期的只求果腹，到而今饮食极大丰富，"只有想不到的，没有买不到的"，从吃饭难到吃特色、吃品质、吃文化。山西餐饮业在丰富百姓餐桌的同时，也更新迭代，完成转型升级，甚至走出国门，迈向国际。百姓生活圈，从单一菜市场到遍布街头的连锁超市，再到布局合理、业态齐全、功能完善、智慧便捷、规范有序、服务优质的城市便民生活圈，城市实现存量提质发展。支付方式，从纸币钞票单一支付到纸币支付、电子支付多元化发展，手机在手就可以走天下，便捷支付不是梦。

　　一滴水折射七彩阳光，百姓身边每一个变化都体现了这个时代的发展和进步。上下班路上精神饱满的行人，三五成群悠闲地在街边下棋的老人，洒满阳光的校园里笑容明媚灿烂的少年们……他们身上满溢着的是获得感，是幸福感，是越来越多的安全感。

平安山西　倾心构筑百姓安全感

平安是人民幸福安康的基本要求，更是改革发展的基本前提。

中华人民共和国成立以来，特别是党的十八大以来，山西省贯彻落实党中央决策部署，不断推进理念思路、体制机制、方法手段的创新，推动平安山西建设取得显著成效，创造了全省政治安全、社会安定、人民安宁的良好局面。从 2013 年起，山西省连续 9 年被评为平安中国建设（综治工作）先进省份。

政策举措

2013 年 7 月，山西出台《平安山西建设五年规划》，明确提出组织实施"六六创安"工程：打好"六场硬仗"、强化"六项整治"、化解"六类纠纷"、管好"六类特殊人群"、推进"六网覆盖"、深化"六安联创"，抓好全省平安建设工作。

2016 年 11 月，山西出台《山西省健全落实社会治安综合治理领导责任制实施办法》，明确指出各级党委和政府应当切实加强对社会治安综合治理的领导，将其列入重要议事日程，纳入经济社会发展总体规划，认真研究解决工作中的重要问题，从人力、物力、财力上保证社会治安综合治理工作的顺利开展。

2018 年 1 月，山西省各级各部门坚决贯彻党中央决策部署，开展为期三年的扫黑除恶专项斗争。

2021 年 3 月，山西省开始实施《山西省家庭暴力预防和处置办法》。

数字成果

2020 年，山西人民群众安全感指数达 97.87，获得感、幸福感、安全感评价指数达 94.75，均创历史新高。

2018—2020 年，山西省取得了扫黑除恶专项斗争全面胜利，共打掉涉黑涉恶团伙 1720 个，其中涉黑组织 213 个，查封、扣押、冻结涉案资产 427.91 亿元，立案查处涉黑涉恶腐败和"保护伞"问题 4268 件。2021 年以来，全省又打掉涉黑涉恶组织 16 个，抓获目标逃犯 11 人，查处涉黑涉恶腐败及"保护伞"问题 518 件，推进存量案

2021 年 9 月，运城市公安局民警进基层宣传推广反诈 App

件清结，全省案件生效率 93.7%、"黑财"处置率 95.7%、伞网覆盖率 98.48%。

2021 年，全省网格员共上报各类问题隐患线索 219.35 万件，化解处置率达 98.41%，特别是新冠肺炎疫情防控期间，上报涉疫相关信息 6.32 万条，为抗击疫情发挥了重要作用。全省 66 万个法人单位开展基层平安创建，共排查各类矛盾纠纷 10.67 万起，化解 10.53 万起，化解率 98.69%。

2021 年，山西止付电信网络诈骗涉案资金 160.36 亿元，累计返还被骗资金 1.07 亿元。

2021 年，与 2017 年相比，全省治安案件、刑事案件和命案数分别下降 44.75%、21.44% 和 36.16%，多项指标优于全国平均水平，全省社会治安持续稳定。

幸福故事

"人身安全保护令"：向家庭暴力说"不"

2016 年 3 月中旬，山西省太原市迎泽区人民法院东太堡人民法庭发出了《中华人民共和国反家庭暴力法》实施后山西省首份"人身安全保护令"。

这份人身安全保护令的申请人是兰女士。2014 年 5 月 21 日，兰女士与甲某结婚。婚后，两人因为抚养孩子等家庭琐事发生争吵，闹得不可开交。后来，兰女士去甲某的住处看望孩子时，甲某多次对兰女士推打、施暴。兰女士懂得用法律武器保护自己，于 2015 年 7 月 28 日、2015 年 11 月 26 日、2016 年 1 月 24 日、2016 年 2 月 3 日，兰女士四次向公安机关报案。

2016年3月14日，兰女士递交了人身安全保护令申请及报警记录、社区情况说明，还有录音、录像等相关证据，请求法院禁止甲某对她实施家庭暴力，禁止甲某骚扰、跟踪、接触她和她的亲属。条条证据都显示，甲某确实存在伤害兰女士的言行。

法院依照《中华人民共和国反家庭暴力法》的相关规定，裁定禁止甲某对兰女士实施家庭暴力，禁止甲某骚扰、跟踪、接触兰女士及其相关近亲属。

为了确保这项保护令的切实履行，法院还向甲某所在单位及双方所在的社区居委会、派出所送达了人身安全保护令，请他们协助监督甲某履行人身安全保护令确定的义务。如果甲某一旦违反人身安全保护令确定的义务，相关部门将协助搜集、固定证据，采取相关措施，并及时向法院通报。

2021年1月15日，结合本省实际，山西省又制定了《山西省家庭暴力预防和处置办法》，从2021年3月1日起实施，全方位向家庭暴力宣战，依法保护家庭中的受害方。

民警"侠客"让市民更有安全感

2018年8月7日上午10时，简短的警用助力自行车巡逻防控启动仪式结束之后，20位民警就骑车上路巡逻了。"快看，巡警在骑自行车！"民警一出来，就听到有市民这样说。家住太原市狄村街的市民刘先生说："见过民警开车巡逻、骑摩托车巡逻，这骑自行车巡逻的民警，还真是第一次见。"

以往每天早晚高峰时，省城一些小街巷、繁华路段极易发生堵车，接到报警后，民警无法驱车前往，只有自行车能穿梭于车流中。太原市巡警支队支队长说，这次巡警支队在全市率先投入警用自行车，是深入推进"四警联勤"工作机制的又一全新探索，希望以自行车为

2019 年 5 月，太原骑行民警上路巡逻

纽带，进一步提升见警率和管事率，使警民关系更为和谐融洽。此次配置的警用自行车有助力装置，轻便、快捷、不受道路环境限制，能够快速到达现场，可以更好地服务于民警巡逻防控、打击十字路口治安乱象、整治交通违法行为等各项工作。

每辆自行车都配备有急救包。急救包里东西可不少，大到安全锤、小手电、电池，小到创可贴、绷带、棉棒。可以说，民警在路上遇到市民的任何突发情况，都可以提供最基本、最及时的帮助。

每个骑行民警身上，还装配了 T 字警棍、催泪喷雾、束缚带和对讲机。一旦遇到违法犯罪嫌疑人，民警可以第一时间制服。

民警自行车巡逻模式的启动，既符合新型城市化发展低碳环保的理念，也是公安机关走群众路线工作思路的体现。它让民警尽可能地贴近社区、贴近群众，"让民警的巡逻没有盲点"。

2.2 亿"救命基金"救助 8154 个家庭

2021 年 9 月 9 日，晋中市民刘某英骑电动自行车与一辆轿车相撞，事故造成多处骨折。事后，刘某英被紧急送往晋中市第一人民医院进行救治。可是，肇事者不愿露面，还拒绝给伤者垫付抢救费。刘某英重伤在身，手术耽误不得！晋中市公安局交警支队在事故事实调查清楚后，第一时间开具《抢救费垫付通知书》，救助基金服务站工作人员马上联系医院，并开通绿色通道，垫付抢救费 21539 元。

"这个政策真是帮了我家大忙了，太感谢了！"事后，伤者家属为山西省道路交通事故社会救助基金和救助服务站工作人员送去一面锦旗并深表感谢，给山西公安交警这一解决群众"急难愁盼"问题的暖心举措点了个大大的赞！

2019 年，《山西省道路交通事故社会救助基金管理办法》全面落地实施后，山西警方全力推进道路交通事故社会救助基金改革，搭建了"预担保、快抢救、后付费"的交通事故重伤员无差别急救绿色通道。目前已累计救助 8154 户因交通事故临时受困家庭，垫付资金达 2.2 亿元。

"无差别急救绿色通道，山西先行先试。只要在山西辖区内发生交通事故的重伤员，不管户籍是本省还是外省，抢救费用全部采用道路交通事故社会救助基金'预担保'、医疗机构'快抢救'、基金管理人'后付费'的协作模式。"山西省公安厅交警总队事故处工作人员说。这一协作模式，将所有因道路交通事故造成伤亡的人员全面纳入救助范围，包括新增的电动自行车等非机动车交通事故导致的伤亡群体，全部实行交通事故伤员无差别救助。此外，新办法还将垫付救助费用时间由 3 天（72 小时）延长至 5 天（120 小时），并且明确将院前急救费用也纳入垫付范围。数据显示，每年有近 3 万人因此受益。

眼看诈骗软件要得手，民警来了

2022 年 2 月 21 日 22 时 41 分，太原市公安局小店分局小店派出所接到反诈预警平台紧急下发的高危预警指令：在其辖区一小区 3 号楼，有一群众接到网贷电话后，正在下载安装相关程序。若不及时劝阻，恐将遭遇贷款诈骗！

接到指令后，民警迅速出动，及时上门劝阻了正准备"网贷"的王女士。

原来，事发当天，王女士突然收到一条免息贷款短信。因为她近期急需资金周转，便抱着试一试的心态，点击了短信中的链接下载"贷款 App"。但没想到，这是个骗子程序！更没想到的是，就在她即将受骗之际，警察会深夜登门劝阻，王女士万分感激："真是太谢谢你们了，你们要不来，我肯定上当了！"

帮王女士解除受骗危机后，民警随即给她普及了贷款类诈骗的相关知识，还帮助她安装了"国家反诈中心 App"。

百姓餐桌 吃得饱到吃得好的蝶变

民以食为天。吃，是维持生命的基本需求；吃，也是美好生活的体现；吃，还是地方饮食文化的展示。

1985 年，国家取消了长达 30 多年的农产品统购派购制度，极大地激发了农民的生产积极性，同时，也丰富了城乡居民的"米袋子""菜篮子"。老百姓的饮食，从匮乏到丰盛，从吃饭难到吃得饱、吃得好，再到吃特色、吃文化。膳食结构也发生了变化，一日三餐，副食增多，主食减少，吃得更健康、更营养，也更讲究高质量搭配了。

百姓饮食的变化也促使餐饮业在竞争和变革中实现了自我更新迭代，完成了转型升级。

政策举措

2011 年 8 月，山西出台《关于促进生猪蔬菜生产持续健康发展保障市场供应的通知》，要求做好"菜篮子"工作的自觉性和主动性，特别是要不折不扣落实"菜篮子"市长负责制，采取综合有效措施，切实抓好生猪、蔬菜生产……从根本上解决生猪和蔬菜生产、流通、消费以及市场调控等方面存在的矛盾和问题。

2016年7月，山西出台《加快发展生活性服务业促进消费结构升级行动计划》，提出积极打造晋菜品牌，弘扬山西面食文化，推进餐饮业品牌化、特色化、规范化、规模化经营，培育一批跨区域经营的餐饮连锁示范企业。

2017年9月，山西出台《关于加快发展住宿餐饮业的实施意见》，提出推动市、县开展"五名"战略，发展名店、培育名厨、推出名品、打造名节、创建名街……带动住宿餐饮业多元化发展。

2019年8月，《山西省2019年食品安全重点工作安排》提出，严把"从农田到餐桌"的每一道防线，切实防范区域性、系统性食品安全风险，推动食品产业高质量发展，全面提升食品安全治理体系和治理能力现代化，不断增强人民群众的获得感、幸福感、安全感。

2017年6月，太原一家餐饮店推出的民俗表演，为食客送上别具一格的文化大餐

数字成果

2017年，山西全省实现社会消费品零售总额6918.1亿元，是1978年的214倍；全省批发零售、住宿餐饮业创造增加值1480.3亿元，占服务业增加值比重达18.5%。

全省餐饮业实现零售额由1978年的1.1亿元增加到2017年的626.5亿元，高于社会消费品零售总额2.9个百分点，占社会消费品零售总额的比重由1978年的3.4%上升到2017年的9.1%，提高了5.7个百分点。

2021年，山西省餐饮服务单位15万家，其中，持证餐饮单位7万多家，小餐饮7万余家，小摊点、学校食堂、网络餐饮等服务机构1万余家。城乡餐饮住宿行业继续向多品牌、多业态、多层次方向发展。

2021年，全年全省农作物种植面积3588千公顷，比上年增加46.6千公顷。全年全省猪牛羊禽肉产量134.4万吨，比上年增长32.3%。

幸福故事

原来只盼能吃饱　现在吃得好才叫好

"刚到太原，觉得特别好，主要是能吃饱了。"1949年7月，马玉琴一家六口从老家搬到了太原生活。父亲在外工作，母亲照顾年幼的弟弟们，给全家人做饭便成了马玉琴的事儿。"那会儿，主食就是小米、红面，还有棒子面。至于肉蛋奶什么的，根本就吃不起。"

中华人民共和国成立初期，太原市人民政府的工作人员进城接管街区的当天，先在全市很多街区支起大锅，为穷苦市民熬小米粥。紧接着，又开始按户分发救济粮。据统计，人民政府在市内分发救济粮75万斤，平价优待销售给工人粮食130万斤。

到了1979年，农民开始把自己种的粮食蔬菜送进城里卖，大大丰富了太原居民的菜篮子。虽说日常吃饭家庭主妇们再不用发愁了，但在太原想吃点鱼虾之类的稀罕物，不是想吃就能吃上的。那年快过年的时候，亲戚从南方探亲回来，送给马玉琴几斤带鱼。"我哪会做鱼啊！当下，我就跑到一个南方同事家里请教，把人家说的步骤都记在小本子上。"回家后，试着刮鳞、开膛，清洗干净，晾干，油炸……到了中午，满院子飘着鱼香味，几个孩子一直围着马玉琴转。"中午就做了一盘，一人限吃两块。"马玉琴说。如今，马玉琴家到了周末，孩子们回来都会摆一桌。"你看，六味斋的肘花、平遥的牛肉、青椒肉片、手撕包菜，还有一盘红烧带鱼……"马玉琴说，"现在可就好了，想吃啥，都能吃得到。"

2015年，太原市最大的海鲜市场——五龙口海鲜文化广场开业。从1月27日到2月18日大年三十，每天海鲜、水产的销售量都在150吨左右。春节期间，该市场的海鲜销售量达到了3500吨以上。

据统计，在食品餐饮方面，1959年，太原居民年人均消费性支出为114.6元，2016年，这个数字猛增至3538元，比1959年的支出总额增加了30余倍。

从救济粮到海鲜，老百姓餐桌上的变化是翻天覆地的。

舌尖上年味儿的变迁

很长一段时间以来，人们认为，餐桌有肉才是美好生活的象征，才有了"猪粮安天下"之说。作为城乡居民生活消费的必需品，猪肉有着刚性需求产品的地位。为规范生猪市场，促进畜产品规模化养殖，政府部门出台了各种引导性政策。

以太原市晋源区为例，2007 年，太原市晋源区赵家山村的村办养猪场是太原市一家规模较大的养猪场，经过短短 4 年发展，存栏数已达 5000 多头，养猪进入了规模化发展。到 2011 年，全省生猪养殖总量突破 2000 万头，产值达 188.2 亿元。全省年出栏万头以上猪场有 115 个，而且还培育出年出栏 100 万头和 30 万头的大型养殖企业。到 2021 年上半年，山西生猪出栏数达到 546.6 万头，生猪存栏数达 681.4 万头。

在太原市民董杰的印象中，从他记事起，过年期间几乎天天都吃肉。"我家每年都得炸上一锅肉丸子和一大盆带鱼，除夕夜要吃，家里亲戚来拜年也要吃，反正过年期间就是要把这些肉吃完。"董杰说，"过年期间，天天都在吃剩菜。父母亲觉得年年有余，必须得剩下些大鱼大肉，来年才能丰衣足食。'每逢佳节胖三斤'，过完年整个人都变得油腻了，劳力又劳'胃'。"从 2016 年春节开始，在朋友的影响下，他家的年夜饭从原来的大鱼大肉变成了营养的荤素搭配，过年的餐桌上少了猪羊肉，却多了帝王蟹、大龙虾、三文鱼等高档食材。

董杰家年夜饭的变化是无数家庭的缩影。从舌尖上年味儿的变迁中不难看出，春节百姓餐桌看似"降级"，实则是"提档"了。从食品消费构成看，粮食类消费支出的比例明显低于副食和其他食品消费支出，与 1978 年相比，2017 年人均谷物、薯类、豆类等主食类产品消费量由 279.5 公斤下降到 159.4 公斤，人均肉类消费量由 1.9 公斤增加到 10.6 公斤，人均蛋类消费量由 0.5 公斤增加到 10.15 公斤。

山西刀削面 折射出三晋百姓的饮食变化

20 世纪 90 年代中期，在山西太原已具雏形的电子一条街——南内环街周边，出现了一些专门给附近电脑公司送盒饭的快餐小作坊。这些盒饭以米饭为主，口味、卫生均无保障，更无特色可言。也是这个时期，在我国一些地区，由当地小吃开发形成的中式快餐业开始兴起。

1999 年 10 月 14 日，太原肯德基有限公司在太原市工商行政管理局登记成立，并在太原市柳南口开业，排队尝鲜的队伍天天蜿蜒在繁华的街头。

几年后出现的中式快餐江南佰乐食，日营业额一度远远超过相邻的肯德基，本土快餐的魅力初步显露。六味斋、芙蓉酒楼等也相继开办了自己的快餐连锁店。

以山西刀削面为例，2009 年前后，仿佛一夜之间，山西刀削面馆如雨后春笋随处可见，一举成为引领快餐业的正规军，并将扩张的触角伸至省内的忻州、阳泉和省外的兰州、包头等地。同样是做刀削面，2005 年，太原顺溜餐饮文化管理有限公司在大同起家。这家公司最初只是一间 30 平方米的小面馆，到 2020 年底已经在全国开了 42 家

2019 年 4 月，山西某饭店面食大师让食客感受面气球

2010 年 12 月，太原某饭店别具风味的山西面食带给食客不一样的体验

分店。另一家颇接地气的赵老七刀削面店，门店连锁达到了 200 家。2016 年，山西餐饮企业在美国纽约的第一家"晋心面馆"率先开业，山西面食从地方吃食走向了国际，成为一张地域名片。

饭店增加的背后是老百姓口袋里有钱了，下馆子更容易了。同时，"在外饮食"也成为越来越多人的选择。

便民服务 入"圈"生活更幸福

"15分钟便民服务圈"的"圈",是指市民以家为中心,15分钟步行便可到达生活所需的主要场所。这个"圈"主要包括生活圈、教育圈、医疗圈、交通圈、政务圈、休闲圈等。这个"圈"确保居民在15分钟内享受到满意服务,确保居民应急需求在15分钟内得到快速回应,确保特殊群体15分钟内得到专门服务。

构建"15分钟便民服务圈"的目的就是为了提高市民的获得感、幸福感、安全感,让老百姓的日子越过越舒心,让城市越来越有温度。

政策举措

2013年,山西省商务厅会同有关部门建设30个"15分钟便民商圈"。支持企业利用连锁方式升级改造超市(含生鲜)、菜市场、便利店(含直销菜店、平价菜店、放心粮油店)、餐饮(含早餐)、家政服务、再生资源回收点、美容美发、医药、洗染、维修、代收代缴等社区必备业态,完善"15分钟便民商圈"服务功能。

2021年6月,《山西省商务厅关于推进城市一刻钟便民生活圈建设的通知》下发,明确了任务重点和申报国家、省级试点的方法、步骤和时间节点。

2022 年 2 月,《山西省全民健身实施计划（2021—2025 年）》出台，提出到 2025 年底，社区 15 分钟健身圈实现全覆盖。

数字成果

2021 年，山西省 11 个地市全部开展了"15 分钟便民服务圈"打造工程。其中，太原市 720 个社区中，已打造"15 分钟便民服务圈"225 个。

幸福故事

运城入列全国首批"一刻钟便民生活圈"国家试点城市

"看到公示，我们都很激动，也感到肩上的担子更重了！打造'一刻钟便民生活圈'，我们需要做的工作还有很多。"2021 年 9 月 3 日，经过推荐、评审、公示等程序，山西省运城市被商务部确定为全国首批城市"一刻钟便民生活圈"试点地区。

"运城生活节奏相对慢，有时间陪父母、陪孩子。买啥东西都很方便，物流也很便捷。想旅游就坐飞机、高铁出去，说走就走，简直太宜居了。"大学毕业 5 年的王嘉奕说。从小在运城长大的他是家里的独生子，毕业后曾一度想留在北京，北漂 3 年后在父母的"软磨硬泡"下回到了家乡。

在运城工作两年来，他感觉无比惬意：自己家附近学校、医院、超市、健身房等一应俱全，非常方便。"很多人希望在快时代过上'慢生活'，我觉得我现在就是在过这样的生活，可以时不时停下脚步思考人生，让生命更有质量。"王嘉奕说。

和城内"慢生活"形成对比的，是城外出行的快速度和高效率，这让生活在这里的人们可以瞬间对接这个快速发展的时代。

运城张孝机场是山西省第二大机场，已开通运城至"北上广"等32条国内航线和3条国际航线，通达37个城市，年输送旅客近250万人次。运城位于黄河金三角地区，高速公路四通八达；南同蒲铁路、侯西铁路、大西客运专线等穿行而过。运城北站还是山西省境内的3个一级站点之一。此外，运城还先后荣获中国十佳魅力城市、全国双拥模范城、国家园林城市、中国中部十大最佳投资城市、中国金融生态城市、中国特色魅力城市200强等称号，这些都是运城入"圈"的基础。

运城市商务局流通科相关负责人说，早在2013年，"一刻钟便民生活圈"的概念就已经在运城落地，让这项工作走在了全省前列。几年来，运城市开展了大量的摸底调查等基础工作，为此次入"圈"做了扎实的准备。

说起运城被列为全国"一刻钟便民生活圈"试点城市，家住盐湖区红旗东街民生华庭的李女士充满期待："现在的生活就很方便，菜市场、商场、公园、便利店、饭店以及孩子上的学校等基本在家附近，走着就去了，基本生活需求都能得到满足，相信以后的各种项目规划会更科学，生活也会更便利，人们的幸福指数会更高！"

便民生活圈　圈出山西人的幸福生活

2020年，山西省太原市民政局提供的相关数据显示，全市60岁以上的老年人口达到72.3万人，占全市户籍总人口的19.2%。

随着人口老龄化步伐的加快，城市养老服务承载能力必将面临一

2013 年 7 月，在太原市海边街社区居家养老餐厅，老人们打到了营养餐

系列挑战。2016 年，太原市被确立为全国第一批居家和社区养老服务改革试点城市，成为山西省唯一获批城市。为破解社区普遍存在的基础设施差、承载能力弱等共性问题，太原市坚持"高起点规划、高标准建设、高强度推进"的原则，不断加大社区基础设施投入力度，建成一站式服务大厅的社区已达 591 个，极大地方便了居民办事。

到 2020 年 7 月底，太原市已打造了 215 个城市社区养老服务中心、195 个城市社区日间照料中心、56 个社区老年餐桌和 266 个社区为老服务网点，形成了 225 个社区为老服务"15 分钟便民生活圈"。力求通过织密织牢养老服务网，将养老嵌入社区，让老人养老不离家，家人放心，老人安心。

家住阳泉城区阳光广场附近的王阿姨在小区广场跳完舞，步行 5 分钟就来到菜市场，买完菜回家吃过早饭，她步行 10 分钟把 4 岁的小孙子送到了幼儿园。平常要是有个头疼脑热，走路不到一刻钟就可以到社区医院做检查……

在阳泉，社区工作人员主动与辖区个体户协商沟通，发动他们积极参与社区"10分钟生活圈"工作，并设立了便民服务站，由超市人员或社区志愿者免费为残疾居民和老人等弱势群体提供上门服务，构建了以超市、早餐快餐、医疗服务为基础的"10分钟生活圈"，让居民步行不超过10分钟就可以享受到医、食、住、行等全方位服务。

此外，社区依托小区文化广场、党群活动室，成立了文体团队，爱好跳舞的居民每天早上和傍晚在小区广场上跳广场舞，形成"10分钟文体活动服务圈"。社区还充分利用手机微信平台，打造"10分钟线上服务圈"。

朔州市怀仁市全市有大型商场12家、大型超市7家，快递实现了11个街道（乡镇）、162个建制村网络覆盖和直接通邮；又以各小区为中心，形成了布局合理、业态齐全、功能完善、智慧便捷、规范有序、服务优质、商居和谐的城市便民"院小圈"。"大圈"套"小圈"，这种便利化、标准化、智慧化、品质化的生活圈提升了居民的

2021年8月，太原市老军营街道的智能健身驿站日常开放

生活水平；圈圈相连，也圈出了怀仁市民的幸福生活。

晋中市榆次区的龙湖社区于 2012 年成立，总人口约有 13000 人。"我们这个社区年轻人居多，大家平时都有工作要忙，对社区里的大事小情和便民服务，难免了解不全……我们希望通过互联网平台，让居民坐在家中就能享受到方便、快捷、舒心的服务，真正打通服务群众的'最后一公里'。"该社区的社区主任介绍，社区于 2021 年已经建成"龙湖社区服务居民直通车"线上平台，这是利用信息化技术专门为居民提供便捷、高效的服务而打造的一款智慧服务平台，龙湖社区也是榆次首个利用信息化技术服务居民的社区。

龙湖社区居民高福思说，扫码进入"龙湖社区服务居民直通车"小程序，点击智慧服务板块，手机页面即刻显示出老年送餐、汽修服务、家政服务、健康服务等子菜单。再点击每个子菜单，都有具体的服务商可以预约，非常方便。

在"十四五"时期，山西将建设一批布局合理、业态齐全、功能完善、智慧便捷、规范有序、服务优质、商居和谐的城市便民生活圈，在服务基本民生、促进消费升级等方面发挥更大作用。

支付多元　扫码刷脸真便捷

随着移动支付的普及，老百姓的生活方式正悄然巨变：不带钱包出门已成为一种习惯。一切生活缴费、一切购物开销甚至旅游出行、跨国采买都可以通过移动支付的方式，用数字货币进行交易，做到了出门不带钱也能无忧走四方。

在移动支付领域，山西已经走在了全国前列。

政策举措

2015 年起，山西省先后出台《关于积极推进"互联网 +"行动的实施意见》《山西省推进线上线下互动加快商贸流通创新发展转型升级实施方案》《关于推进电子商务与快递物流协同发展的实施意见》，明确了推动电子商务发展的目标任务、政策措施。

2021 年 3 月，《山西省推进服务业提质增效 2021 年行动计划》发布，推出 60 条具体措施，以培育壮大全省生产性服务业，加快构建现代服务业体系。

数字成果

截至 2019 年 6 月，山西省网络市场主体总数达 14.3 万户，2018 年全省电子商务交易额达 396.3 亿元，同比增长 40.5%。2020 年 1—5 月，全省实物商品网络零售额 89 亿元，同比增长 20.5%，其中农产品网络零售额 19.7 亿元，同比增长 40.2%。

2018 年，山西高速公路移动支付系统正式上线运行，324 个收费站的 1466 条出口车道实现了移动支付功能全覆盖。2019 年 3 月 20 日，太原市及管辖的清徐、娄烦、古交等地的公交车，全面开通移动支付。

幸福故事

乘公交坐地铁下高速　移动付款秒完成

近年来移动支付发展迅速，不仅买菜购物可以使用，坐公交车、乘地铁也增加了移动支付和刷脸支付功能。

2019 年 3 月，银联移动支付在太原公交全面上线，太原公交下辖 117 条交通路线均开通"云闪付"扫码乘车和"银联闪付"扫码乘车渠道。

肖宇家住太原市太钢宿舍，在大南门上班，地铁刚开通他就开通了刷脸支付。他说，上下地铁不用买票或者扫二维码，直接对着机器刷脸更方便。

不仅城市交通实现了移动支付，早在 2018 年 5 月底，山西高速公路运营也正式进入了移动支付时代。

山西高速公路移动支付全面覆盖了全省高速公路，涉及 324 个收费站的 1466 条出口车道。司机只需要通过手机移动支付的方式，就可以完成高速通行费支付，支付时间由原来的 30 ~ 45 秒大幅缩短至 10 秒以内。

山西交通控股集团有限公司负责人表示，下一步，将深入研究完善"无感支付"等新兴技术，深化"互联网＋交通"综合应用，不断满足人民群众的多样化需求。

吃饭购物 "靠脸"支付更便捷

如果说手机支付已经非常便捷了，那么刷脸支付就等于过上了"靠脸吃饭"的生活。

"学校超市和自动贩卖机都可以刷脸支付，手机不用拿出来支付就完成了，用起来很方便。"2020 年 7 月 25 日，山西师范大学大二学生魏琪轻松聊着刷脸支付的感受，"我根本没担心过刷脸支付的安全问题，它和密码支付、指纹支付一样，只不过换了个形式，而且更

2018 年 1 月，太原市金虎便利新零售智能体验店，顾客正扫码付款

加方便了。"

科技改变生活。刷脸支付不仅帮助商家缩减了成本，同时让消费者节省了结账等待时间。目前，刷脸支付已成功应用于超市、餐厅、商店等多种场合，人们不用掏手机，就可以完成"靠脸吃饭""刷脸购物"。

在太原市美特好、永辉、金虎等多个超市和便利店，除了传统的排队收银，各门店也增加了"刷脸支付"的自助收银方式。

"2020年5月底，我们就增添了自助收银设备。"美特好超市五一广场店的工作人员介绍说，相比传统的人工收银方式，自助收银专用通道和扫码购专用通道更加便捷。两款自助收银机在购物高峰期都会开放，分流了很大一部分原本需要排队等候人工结账的消费者。目前人流量比较集中的大型门店，已经逐步在使用推广自助收银方式。

随着网络环境监管力度的进一步加大，各种支付应用条件逐渐成熟，未来人们的生活会越来越便捷。

社会保障篇

社会保障是劳动力再生产的"保护器",是社会发展的"稳定器",是经济发展的"调节器"。中华人民共和国成立以来,社会保障从无到有,从城镇到农村,从职业人群到城乡居民,经历了不断变革、发展和完善的过程。

跟随中华人民共和国社会保障事业发展的脚步,山西省按照"保基本、兜底线、救急难、可持续"的总体思路,以统筹救助资源、增强兜底功能、提升服务能力为重点,在健全社会救助体系、强化基本生活救助、健全专项社会救助、完善急难社会救助、促进社会力量参与和深化"放管服"改革等方面持续发力,不断增强困难群众的获得感、幸福感、安全感,不断完善社会保障制度,提高社会保障水平,着力构建覆盖全民、城乡统筹、权责清晰、保障适度、可持续的多层次社会保障体系。

一项项脱贫攻坚兜底惠民政策落地生根,一件件雪中送炭的民生实事开花结果,社会保障网越织越密、越编越牢,成为三晋百姓阔步于共同富裕路的最大底气和最强支撑,托起了三晋百姓的幸福生活。

养老保障　晚景更比夕阳好

老有所养，民之所盼，也是民生大计。老年保障体系是整个社会保障体系中的重要组成部分，其中，养老保险是社会保障制度的重要组成部分，是社会保险五大险种中重要的险种之一。

从企业到农村，从职工到农民，从事业单位到城乡统一，山西省不断提高社会保险统筹层次，落实国家和省待遇调整机制，确保社保待遇按时足额发放，让城乡居民老有所养、老有所依！

政策举措

2006年，《山西省人民政府关于贯彻国务院完善企业职工基本养老保险制度决定的实施意见》出台，在确保企业离退休人员基本养老金按时足额发放的前提下，逐步做实个人账户，完善社会统筹与个人账户相结合的企业职工基本养老保险制度。

2008年，《山西省人民政府批转省劳动保障厅关于开展新型农村社会养老保险试点工作的指导意见》发布，开始开展新型农村社会养老保险试点，实现农村居民老有所养。

2009年，国务院常务会议通过了《事业单位工作人员养老保险制度改革试点方案》，确定在山西、上海、浙江、广东、重庆5省市开展试点，与事业单位分类改革配套推进。

2019年，《山西省人民政府关于完善企业职工基本养老保险省级统筹制度的通知》出台。

2020年7月，《山西省人民政府关于建立城乡居民补充养老保险制度的实施意见》出台。同年11月，《山西省城乡居民补充养老保险条例》通过，并于2021年1月1日起施行。

2021年，《山西省"十四五"高品质生活建设规划》发布，提出建立医养康养相结合的养老服务体系，发展普惠型养老服务和城乡互助性养老。

数字成果

2000年，山西省初步建立起了适用于城镇各类企业及劳动者的养老保险体系。

享受养老保险的离退休人员由1978年的5.8万人，增加到2000年的99.78万人；离退休费用支出由1978年的0.29亿元，增加到2000年的69.53亿元；人均年离退休费用由1978年500.4元，增加到2000年的6968元。

截至2020年底，山西省基本养老保险、失业保险、工伤保险参保人数分别为2583.78万人、469.38万人、629.52万人，参保人员基本实现了法定人员全覆盖。企业退休人员月人均基本养老金提高到3512元，城乡居民基础养老金每人每月提高到108元。全面实施企业职工基本养老保险基金和工伤保险省级统筹，在全国率先建立了城乡居民补充养老保险制度。取消了退休人员领取社保待遇资格的集中认证，使用社保卡发放养老保险待遇达到 85%。

幸福故事

村委会出钱，集体给村民上养老保险

在探索养老问题上，山西省各地都有自己的方式。2008 年，太原市万柏林区西铭乡九院村村委会掏腰包为全村 105 名 40 周岁以上的村民，全部购买了农村养老保险，这个做法在太原市是第一家。"像城镇职工一样，现在我们农民也有了自己的养老保险，到了'退休'年龄，男的 60 岁，女的 55 岁，就能领养老金了。"提起农村养老保险政策，九院村参保的村民们个个喜笑颜开。

"半年来，万柏林区劳动保障局、区农保中心工作人员来村里好多次，每次又讲政策，又测算数据，还解答村民的各种问题。"九院村村委会负责人表示，"这既让村民们了解了农村养老保险政策的好处，也坚定了村委会鼓励村民集体参保的决心。"

根据参保政策，村民参加农村养老保险缴费时，遵循"农民个人缴费为主、集体补助为辅、政府给予适度补贴"的原则。"105 人当中，虽然有的人需缴费的时间还剩几年，有的还剩十几年，缴费数额不等，但总体平均下来，每人要缴 4 万元左右，这对每个村民来说都是一笔不小的开支。"村委会负责人说，"为了减轻大家的负担，村委会决定拿出 408.6 万元，全额'报销'。"解决了村民的后顾之忧。

扶贫孝心基金工程温暖万千老人

2018 年 4 月 13 日上午，山西省吕梁市临县前青塘村的 75 名贫

困老人胸前戴着大红花，手里捧着领到的"孝心红包"，脸上洋溢出幸福的笑容。"感谢党的好政策，如今的社会就是好，儿女为俺交了2500块钱的赡养金，俺一年就能领到3000块养老金！"前青塘村89岁的王向禄老人高兴地说个没完。

这里正在举行的是全县扶贫孝心基金工程首发仪式。临县县委常委、宣传部部长说，这场仪式标志着临县扶贫孝心基金工程已经落地见效。该县目前已筹集到来自政府、子女、社会三方面近3000万元的扶贫孝心基金。这次共发放735万多元，涉及全县近1.5万名贫困老人，以及五保老人、孤寡老人。每名贫困老人这次最高可领到750元，全年最高可领到3000元。

临县曾经是山西省10个深度贫困县之一。全县22.28万建档立卡贫困人口中，70周岁及以上老年贫困人口近2万人，占比9%。这部分贫困群体，无法通过产业扶持和就业帮助实现脱贫，是攻坚深度贫困的重点和难点。2008年以来，该县启动实施了扶贫孝心基金工程，积极探索"政府关心、子女孝心、社会爱心"联动互促的老年贫困人口扶贫新模式，取得了一举双赢的效果，有效地解决了全县老年贫困人口的稳定脱贫问题，更为重要的是充分激发了贫困老人子女的孝心善念，凝聚了来自政府、子女、社会多种力量，合力攻坚，保证了老年人群脱贫的稳定性和持久性。

在前青塘村69岁的贫困老人刘候儿看来，有了孝心基金，不但能领到"孝心红包"，也拉近了与子女的距离。

刘候儿老人有三个儿子，二儿子、三儿子在外省开店做生意，平时难得回来一次。大儿子虽然在村里住，但要经常出车拉煤。有时老伴生病了要住院，老两口不愿意告诉孩子们，怕给他们添麻烦。久而久之，日子过得很是孤单。

临县扶贫孝心基金工程实施后，前青塘村扶贫孝心基金工程理事会把宣传动员工作做细做实，刘候儿老人的三个儿子不但抢着给父母缴纳扶贫孝心基金，而且约定每月都轮流回来看望父母，陪父母说话唠嗑，一家人的日子过得红红火火。

住院能报销，每个月还能领养老补助

在运城市河津市龙门村，每个月的 8 号都是村里 60 岁以上老年人的节日，到了这一天，大家便会三三两两相跟着去村委会领养老补助。在村委会门口，74 岁的侯青叶捏着到手的 500 元钱，脸上尽是自豪的笑容：“养老、医疗保险全部由集体缴，村民住院看病在国家城乡居民医保报销的基础上，剩余部分由村集体全部报销，逢年过节还有福利，老年人的钱根本就花不完！”

龙门村有座得过吉尼斯世界纪录的巨型拱门，跨度达 80 多米，上面镌刻着鲤鱼跃龙门的故事。活了一辈子，侯青叶老人从未见过鲤鱼跃龙门，但龙门村的“跃龙门”却是他亲身感受的。

龙门村位于黄河岸边，明清时曾是重要渡口，一度商贾云集、店铺林立。“靠着码头，龙门村曾经很是繁荣兴盛。”

随着现代交通的发展，龙门村地位开始下降，村子也成了无资源、无地利的传统农村。北靠荒山南靠滩，西临黄河没有川。村里 3800 多口人，靠着年产 2.5 万吨的焦炉和 1179 亩庄稼地不知何时才能富起来。

有经商经验的龙门村党委书记原贵生开始谋划引进企业，靠在村里发展建材等集体企业解决老百姓的就业问题。曾经一度靠河滩地讨生活的龙门村完成了从传统农业到现代化工业的嬗变，已发展成为生态优美、共同富裕的“全国文明村”。

从 2009 年开始，龙门村每年都为全村 16 岁以上的村民上缴养老保险，60 岁以上老年人除了可以领到国家每月发放的养老金外，还可分年龄段每月领取村里的养老补贴，并且补贴标准不断提高。

2020 年，百岁老人每年享受 20000 元养老补贴。村里还建成了老年公寓，让老年人颐养天年。每年还会聘请市医院的专家来村里为 60 岁以上老年人免费体检，让老年人充分享受到村集体发展的成果。

社会福利 打造"民生幸福工程"

从建立全省经济困难的高龄与失能老年人补贴制度、加强孤儿和困境儿童保障，到加快推进残疾人社会保障，再到出台农村五保供养办法……跟随国家发展的脚步，山西省不断完善适度普惠型社会福利体系建设，提高受惠群众的社会生活质量。

政策举措

2001 年 3 月，根据国务院办公厅转发民政部等 11 个部门制定的《关于加快实现社会福利社会化的意见》，结合实际，山西出台《关于加快实现我省社会福利社会化的实施意见》。

老年人社会福利方面：

2014 年 6 月，《山西省人民政府关于加快发展养老服务业的意见》出台。

2015 年 10 月，《山西省人民政府关于支持社会力量发展养老服务业若干措施的通知》出台，同年 12 月，《山西省人民政府办公厅关于建立全省经济困难的高龄与失能老年人补贴制度及提高百岁以上老年人补贴标准的通知》下发。

2015年10月，《山西省实施〈无障碍环境建设条例〉办法》施行。

儿童社会福利方面：

2011年8月，《山西省人民政府办公厅关于加强孤儿保障工作的实施意见》发布。

2017年9月，《山西省人民政府关于加强困境儿童保障工作的实施意见》发布。

残疾人社会福利方面：

2011年11月，《山西省人民政府办公厅转发省残联等部门关于加快推进残疾人社会保障体系和服务体系建设实施意见的通知》下发。

2016年12月，《山西省"十三五"加快残疾人小康进程发展规划》发布。

其他社会福利方面：

2010年11月，《山西省农村五保供养办法》正式公布。

数字成果

老年人社会福利方面：

截至2021年9月，山西省共有养老服务机构1001家，其中公办养老机构463个，民办养老机构和公建民营养老机构538个，共有养老床位22.41万张；有城乡社区老年人日间照料中心7945个；建成城市社区养老服务中心1026个；建成农村社区老年人日间照料中心6919个，全省涌现出8个农村养老示范县和75个养老示范村；"十四五"时期，养老床位将由量的要求向质的要求转变，护理型床位占比不低于55%。

儿童社会福利方面：

党的十八大以来，山西省将社会散居孤儿和机构养育孤儿的基本生活费标准分别从每人每月600元和1000元提高到1000元和1500元，并将事实无人抚养儿童纳入保障范围。

山西省面向残疾孤儿设立了"孤儿医疗康复·明天计划"资助项目；面向年满18周岁后仍在全日制学校就读的孤儿，设立了"福彩圆梦·孤儿助学工程"。

省、市、县三级全部成立了由政府主要领导任组长的未成年人保护工作委员会。

残疾人社会福利方面：

全面建立困难残疾人生活补贴和重度残疾人护理补贴制度。

"十三五"期间，省级共下拨资金7.98亿元，补助困难残疾人111万人次、重度残疾人154万人次。

2021年，山西省共筹集社会福利资金8.1亿元，接受社会捐赠款2000万元。

2020年8月，山西省图书馆视障阅览室增设的高科技视障阅读设备，为视障读者提供个性化服务

幸福故事

被遗弃的双胞胎 有了"爸妈"有了"家"

2011年6月18日，太原市福利院里，一对双胞胎小姐妹（可可和爱爱）即将要满一周岁了。为了让小姐妹回归家庭，福利院希望可可和爱爱被收养在同一个家庭，共同享受父爱和母爱，携手幸福长大。

将近一年的时间，在福利院阿姨们的精心照料下，两个孩子越来越健康，身体也结实了很多。可可长到了18斤，爱爱也有15斤了。

2011年6月10日，双胞胎姐妹想找领养家庭的消息在《山西晚报》刊登后，有许多爱心人士咨询。

收养孩子有严格的要求，而且就算是符合收养条件的家庭，也必须先办理寄养手续，然后经过严格的评估才能最终确定结果。见面会当天，共有13个家庭填写了寄养登记表。

6月23日，太原市福利院对初筛后符合条件的4户家庭进行了第一次家访，现场核查了这些家庭的身份证明、学历证明、收入证明等6类证件后，与家庭成员们进行了面对面聊天，感知各个"爱心父母"的脾气性格，同时也现场回答了爱心家庭提出的各种疑问。

6月27日，太原市福利院对最后圈定的两个家庭进行了第二次家访，重点针对收养家庭是否做好心理准备，以及如何应对可能发生的突发事件展开提问。

6月29日，经过太原市福利院筛选、评估，最终确定由晋中市的李先生夫妻"收养"双胞胎姐妹可可、爱爱，并且在福利院里举行了寄养仪式。

孩子们跟随李先生回家后，还不算正式收养，监护权仍属福利院，要等到3个月的寄养期考察合格后，才可以正式收养。3个月里，福利院会进行至少6次不定期考察，以了解孩子们真实的生活环境、成长状况等。

同时，按照相关规定，寄养期间福利院每月会发给李先生夫妇一定的生活费和补贴，如果孩子生病，医药费由福利院负担。

7月9日，太原市福利院工作人员对李先生家进行了寄养期间的第一次家访，刚一进门就听到了响亮的敲鼓声，小姐妹俩坐在床上玩着玩具鼓，一家人被逗得哈哈大笑。

10月11日下午，在经过了3个月寄养期的考核后，李先生夫妇正式在太原市政务大厅民政局窗口办理了双胞胎姐妹可可、爱爱的收养手续。

办好的收养证上，贴有李先生一家五口的合影，可可、爱爱被李先生夫妇抱着，背后站着他们的儿子，每个人都笑容灿烂，一家人幸福和睦、其乐融融。

如今，距离双胞胎姐妹被收养已经过去11年了，当年在怀抱中的姐妹俩2022年9月将升入初中。听说她们身心健康，学习成绩优异，听话懂事、青春活泼，生活非常幸福。

为孤儿寡母带去切实的生活便利

2021年，太原市杏花岭区残疾人联合会已经完成对全区54户残疾人家庭的无障碍设施改造。

家住国樾龙城小区的张鸿全，家中只有他和身患重病的母亲。一进张鸿全家，就看到客厅一角摆放着一个很大的纸箱子，让本来就不大的客厅显得越发拥挤。张鸿全母亲说，纸箱子里放着的都是自己的药。她已身患重病多年，每天都需要吃大量的药来维持。尽管如此，这位白发苍苍的老人还有一个40岁的残疾人儿子需要照顾。儿子张鸿全身患二级残疾已经15年，母子俩靠着老人每个月的退休金勉强维持生活。

杏花岭区残疾人联合会在各方面一直照顾这对孤儿寡母，每年的残疾人"两补"金和二级残疾人救助金都会在第一时间送到他们手中。

在一次残疾人家庭无障碍设施改造中，杏花岭区残疾人联合会又第一时间想到了他们，为这对母子装上了浴凳、康复扶手、全自动热水器，让行动不便的他们洗澡时不用长时间站立。还为他们的厨房装上了整套橱柜，对原下水进行了翻新改造，连洗碗的水池、水龙头都换成了崭新的。同时，送去全新的天然气灶，让厨房焕然一新。杏花岭区残疾人联合会家庭无障碍设施改造负责人说，原来张鸿全家的厨房极其简陋，做饭用的是一个纸箱子上面放着的破旧电磁炉，很不安全，下水道也是隔三岔五就堵塞了。现在的厨房，可以说是全部重新装修了一次。

张鸿全母亲说："现在家里大变样，像一个家了。新安装的这些设施都很方便好用，真的很感谢残联对我们困难家庭的帮助。"

优抚救助　困有所助暖民心

　　社会优抚是对优抚对象实施的优待、优抚及其他物质照顾、工作帮助和精神鼓励的保障，其政策范围、抚恤标准、优抚服务近年来不断调整提升，在最大程度上保障了优抚人员的生活不低于一般生活水平。

　　社会救助是一项保民生、托底线、促公平的"暖心"事业，是社会保障制度体系中的最后一道防线，不仅是各级政府的职责使命，也折射出社会道德良心。

政策举措

　　2004 年 8 月，《山西省城市居民最低生活保障实施办法》正式施行，该办法更为细化，具有可操作性、规范性。

　　2007 年 8 月，《山西省优抚对象医疗保障实施办法》出台，规定各类优抚对象可以享受不同种类的医疗保障，对于个人负担较重的优抚对象，政策还会更加倾斜。

　　2015 年 3 月，《山西省军人抚恤优待实施办法（修订）》正式施行。同时，每隔一段时间，山西省财政厅等部门都会下发关于调整部分优抚对象等人员抚恤和生活补助标准的通知，对部分优抚对象等人员的抚恤和生活补助标准进行调整。

2016 年 9 月，《山西省农村低保扶贫行动方案》经省脱贫攻坚领导小组专题会议审议通过，明确山西省将逐步构建以农村低保、特困供养人员、医疗救助、临时救助等制度为主体，社会力量参与为补充的社会救助体系。

2017 年初，《山西省农村最低生活保障制度和扶贫开发政策有效衔接实施方案》出台，提出主要成员完全或部分丧失劳动能力的家庭，将全部纳入农村低保范围，做到应保尽保。

2020 年初，《山西省民政厅　山西省财政厅关于调整城乡低保保障标准指导意见的通知》下发，要求从 2020 年 1 月 1 日起，再次提高全省城乡低保保障标准，并同步提高特困供养人员的救助供养

2009 年 9 月，太原市迎泽区低保边缘户领到救助卡

2009 年 9 月，太原市迎泽区低保户在社区爱心超市领取救助物品

标准。

2021 年 12 月，山西省优待证申领试点工作展开。

"十四五"期间，山西省将继续强化基本生活救助，完善低保、特困供养两项基本生活救助制度，采取"分类施保""收入扣减"等措施，确保符合条件的困难群众应保尽保、应救尽救。

数字成果

从 2009 年起，山西省政府连续 13 年提高低保标准，"十三五"期间，全省城市和农村低保平均保障标准分别提高了 27% 和 45.9%。

在脱贫攻坚中，社会救助兜底保障的贫困人口达到 51.5 万人，占农村低保和特困人员总数的 45.8%。

新冠肺炎疫情发生以来，山西省连续 9 次启动价格临时补贴机制，为困难群众发放价格临时补贴 1237 万人次、支出 4.86 亿元。

截至 2021 年 6 月底，全省共保障困难群众 157 万余人。全省城市低保平均保障标准达到每人每年 7380 元，农村低保平均保障标准达到每人每年 5658 元。

2021 年，山西省国家抚恤、补助各类优抚对象 20.1 万人。

2021 年 8 月 1 日起，山西省再次调整部分优抚对象等人员的抚恤和生活补助标准，其中包括：提高残疾军人的残疾抚恤金、烈属的定期抚恤金、在乡退伍红军老战士的生活补助标准；提高在乡老复员军人定期定量生活补助标准，每人每月增加 200 元；提高带病回乡退伍军人定期定量补助标准，每人每月增加 50 元，达到 760 元 / 月·人；对中华人民共和国成立前加入中国共产党的农村老党员和未享受离退休待遇的城镇老党员调整生活补贴标准，每人每月提高 50 元等。

幸福故事

一个低保户的"退保"故事

2005年，刘安俊从太原一家企业下岗，而他的爱人也在早几年前，离开了工作单位。夫妻俩都没了工作，家庭没有收入，家里的吃喝拉撒全都成了问题，而且当时孩子还在上学，家里前些年存的"家底"也不多，支撑不了多久终究会被"吃空"。

就在这个时候，刘安俊所在社区的社区主任入户做调查。了解他家里的情况后，社区主任建议他们先申请"吃上低保"，毕竟，家里的生活得维系，孩子上学得继续。就这样，一个月300元的补助金，在一定程度上缓解了他们的生活压力。

后来，社区主任又找到刘安俊，想给他提供一份工作。那个时候社区里有很多阅报栏，需要有人每天及时更换报纸，并且要做好维护工作，保证阅报栏的整洁和正常运转。重要的是，一个月还能有1000多元的收入。

就这样，刘安俊从自己所在的社区起步，渐渐成了太原市区内所有阅报栏的维护员。为了能增加收入，他还兼职当了一阵子的报纸投递员。

偶尔的一次机会，刘安俊在阅报栏中发现了商机。通常情况下，一个阅报栏长度在6到7米，可以张贴当日发行的一至两种报纸，但是很多时候，阅报栏并不能贴满，总会有空出来的地方。这些地方空着也是空着，为啥不能张贴一些与居民生活密切相关的广告呢？商家有了更多宣传的地方，老百姓也能受益。就这样，刘安俊与阅报栏的负责人进行了沟通，决定填补这些空白。

其实在那之前，已经有不少人做过同样的事，只是效果甚微。但是刘安俊看准了这个机会，决定试一试，在与负责人协商后，对方允诺给刘安俊广告费的 30% 作为报酬。

他不停地跑商家、拉广告，每天只要有空余的阅报栏，就会往进投放广告。久而久之，这块空白栏变成商家争相投放广告的"香饽饽"，很多人都想找他合作。

2008 年，刘安俊主动向社区提出了"退保"，他说非常感谢社区在最困难的时候，拉了自己一把，靠着低保一家人维持了基本生活，现在的他希望把名额留给更需要的人。在刘安俊的努力经营下，当时城区的阅报栏数量从 100 个迅速增加到 600 个，他自己年收入也达到了 10 万元左右，一家人告别了老旧的小屋，在市区买了一套 100 多平方米的高层住宅楼。

刘安俊所在社区的社区主任说，这些年来，国家在低保上的投入很大，每年的低保标准也在涨，但因着大家自身的努力，其实社区里的低保户数量是在减少的，从 68 户降到了 13 户，很多有劳动能力的人通过努力都成功"脱保"，刘安俊算是其中最为成功的一个。

2016 年，太原成立了"大众创业万众创新"培训班，几个月的学习后，刘安俊萌生了一个大胆的想法：利用闲置的房屋成立一间茶室，供朋友和其他有需要的人使用。他不仅有做广告业务的经验，手头也有很多好的资源，大家聚在一起聊天品茶，还能碰撞出更多的金点子。

就这样，曾经的低保户刘安俊，又开始了新的"征程"，带动更多的人脱保、脱贫，奋斗属于自己的幸福人生。

他见义勇为，获得多重救助与奖励

2021 年 9 月 5 日 21 时许，退役军人张崇虎和朋友吃完饭从太原市柳巷出来，突然遇到有歹人持刀抢劫。他没多想，第一时间冲了上去……

张崇虎的左手手腕处至今还有一道长长的伤疤。"这是我用左手挡下那一刀留下的，如果不是挡这一下，我估计伤得更重。"张崇虎说，当他醒来的时候，已经躺在重症监护室里，脑子里冒出的第一个想法却是不知道抢劫的男子被抓住了没有。

原来，张崇虎被送往医院后，得知张崇虎见义勇为的事迹，山医大二院开通绿色通道全力抢救，并对患者的住院费用进行了部分减免。

张崇虎说，不只医院，柳巷责任区刑警队和迎泽区人民检察院的相关负责人多次到医院，不仅送去慰问金，还表示将提供多元化的司法救助，并带了太原市见义勇为先进分子的审批表。他们当场表示将用好司法救助机制，启动司法救助"绿色通道"，加快审批节奏，加大救助力度。

2021年10月21日10时许，太原市迎泽区人民检察院送达了国家司法救助决定书，在张崇虎填写了国家司法救助金发放登记表后，将10万元送至张崇虎手中。"感谢检察官对我的关心和帮助，在我不清楚有司法救助的情况下，他们主动为我申请，让我对未来生活又有了希望。"原本刚强坚毅的张崇虎流下了热泪。

太原市迎泽区人民检察院检察长表示，迎泽区人民检察院在受理该案后，发现张崇虎为退役军人，所在单位效益不好，收入不稳定，利用周末运营网约车和送外卖。父亲两年前因病去世，母亲年事已高，身体状况也不好，且有未成年孩子要抚养，

2021年10月，张崇虎（右）收到10万元司法救助金

家里还欠有大笔外债，家庭重担都压在张崇虎一人身上。加上张崇虎因见义勇为，伤情被鉴定为重伤二级，医药费及护理费已花费8万元左右，后期还需要康复治疗，但犯罪嫌疑人没有能力进行赔偿。"针对这一情况，检察机关开启司法救助'绿色通道'，在较短时间内完成全部救助金审批程序，及时向张崇虎发放救助金10万元。"太原市迎泽区人民检察院检察长说，这是2021年初《关于加强退役军人司法救助工作的意见》发布后，太原市迎泽区人民检察院办理的首个退役军人申请国家司法救助案件，也是救助金额最高的一次。

与此同时，检察院还积极协调开展多元化救助，首先是与医院进行沟通，减免了部分医疗救助费用；其次是主动与公安机关联系，支持张崇虎申报见义勇为先进分子，弘扬社会正气；再次是为其联系法律援助律师，集中审核救助申请材料，缩短办理期；最后与相关部门开展联合救助，及时上报太原市人民检察院，联合太原市红十字会、张崇虎所在工作单位、党关系所在党支部、所属退役军人事务管理局积极开展社会救助。同时，对张崇虎的未成年孩子也开展救助，协调其就读学校减免部分费用，缓解家庭经济压力。

2021年10月21日11时，阿里巴巴天天正能量第406期常规评奖结果出炉，张崇虎成为其中的一名获奖者，获得5000元的正能量奖金奖励。

得知这一消息，张崇虎很意外，他说作为一名退役军人、一名共产党员，这都是他应该做的："今后我还会一如既往，多做对社会有意义的事情。"

医疗保险 老百姓看病不用愁

医疗保障是基本的民生工程，医疗保障制度改革发展是做好民生工程的关键途径。从启动城镇职工医保、新农合和城镇居民医保制度建设，到全国基本医疗保障制度全覆盖，跟随国家的脚步，山西省医疗保障制度各方面改革措施不断推进，保障覆盖面从小到大、保障水平从低到高、管理服务从粗到精，医疗保障制度体系不断完善和发展，制度作用不断显现和发挥。

政策举措

2002年底，为了扩大基本医疗保险的覆盖面，山西先后出台了《关于城镇灵活就业人员参加基本医疗保险的指导意见》等文件，将灵活就业人员、混合所有制企业和非公有制经济组织从业人员以及农村进城务工人员纳入医疗保险范围。

2004年4月，《山西省新型农村合作医疗制度管理办法》出台。

2016年12月，山西省整合城镇居民基本医疗保险（简称城镇居民医保）和新型农村合作医疗制度（简称新农合），建立统一的城乡居民医疗保险（简称城乡居民医保）制度。

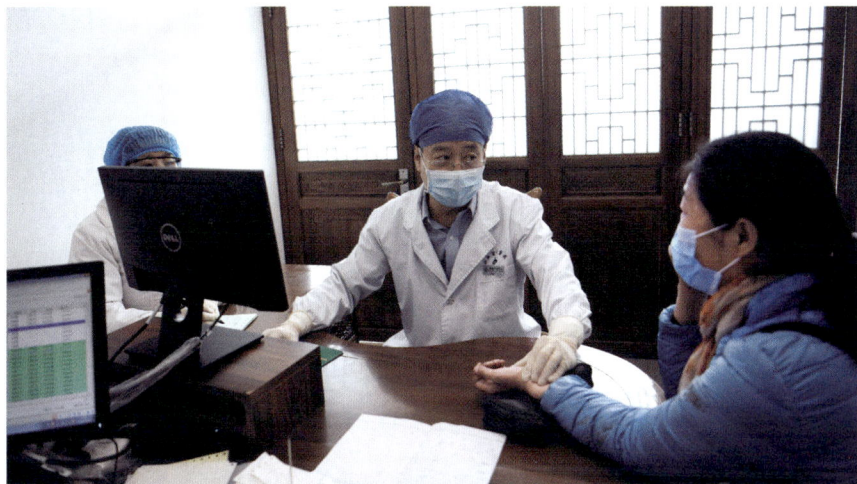

2020 年 3 月，全国名中医、山西省中医院肿瘤专家王晞星（中）正在给患者看病

2019 年 6 月，《山西省人民政府办公厅关于做好生育保险和职工基本医疗保险合并实施工作的通知》下发，要求当年 9 月底前，山西省全面实现生育保险和职工基本医保合并。

2021 年 9 月，山西省医疗保障局等 7 部门制定《关于巩固拓展医疗保障脱贫攻坚成果有效衔接乡村振兴战略的实施方案》，明确从 2022 年 1 月 1 日起，对特困人员（含孤儿和事实无人抚养儿童）、低保对象和乡村振兴部门认定的返贫致贫人口等执行参保分类资助、基本医保普惠、大病保险倾斜、医疗救助托底保障政策。

数字成果

2002 年底，山西全省参加基本医疗保险的职工有 216 万人。

2007 年 6 月底，山西省基本医疗保险参保人数为 383.3 万人。

2009 年以来，山西省医保事业进入快速发展时期，制度体系不断完善、保障水平不断提高、基金平稳运行，基本实现全民医保，有力保障了人民群众基本医疗需求。

2016 年，山西省参加城镇基本医疗保险 1211.1 万人；全省 115个县（市、区）开展了新型农村合作医疗，有 2116.2 万农民参加了合作医疗。

2017 年，山西省参加城镇职工基本医疗保险 666.3 万人；全省实现城乡居民基本医疗制度整合并轨，参加城乡居民基本医疗保险 2552.6 万人。

2018 年，山西省参加城镇职工基本医疗保险 686.4 万人，参加城乡居民基本医疗保险 2573.5 万人。

2019 年，山西省参加城镇职工基本医疗保险 702 万人，参加城乡居民基本医疗保险 2564.3 万人。

2020 年，山西省参加城镇职工基本医疗保险 716.4 万人，参加城乡居民基本医疗保险 2528.7 万人。

2021 年，山西省参加城镇职工基本医疗保险 731.6 万人，参加城

2010 年 11 月，太原市民在药店购买医保用药

乡居民基本医疗保险 2515 万人。

幸福故事

让"不食人间烟火"的孩子感受人间温暖

苯丙酮尿症（PKU）是一种常见的氨基酸代谢病，PKU 患儿被称为"不食人间烟火"的孩子。因为他们体内缺少一种酶，无法和正常人一样代谢蛋白质中的苯丙氨酸。所以这些孩子不能吃正常人所吃的一切含蛋白质的食物，要吃特别的米、面、奶粉，如果不加控制，孩子的智力会一天天下降，最终回归到"婴儿期"，导致生活不能自理，甚至死亡。

在 PKU 患者家庭"自救"的同时，山西省有关部门也一直在关注着这些特殊疾病患者，并且陆续出台了相关政策，以保障患者家庭的医疗和生活。

2005 年 6 月，山西省民政厅等部门下发《关于开展城市医疗救助试点工作的实施意见》，首次将苯丙酮尿症纳入民政救助范围，同时与尿毒症、恶性肿瘤等病种列入大病救助范围。

2006 年 11 月，经太原市民政局等多方努力，在杏花岭区民政局，PKU 患者家属李小莉领到了由政府拨付的第一笔 4000 元现金救助款。之后的七八年时间，救助人数不断增加，范围也由杏花岭区民政局延伸到万柏林区民政局、迎泽区民政局等地。

2014—2016 年连续 3 年，苯丙酮尿症患者家属"组团"走进《山西晚报》举行的"直通两会"活动现场。患者家属提出的将该病纳入大病医保、低保等诉求，通过省人大代表、省政协委员带上山西"两会"。

2014 年 11 月，山西省卫生与计划生育委员会发布《山西省提高农村儿童苯丙酮尿症和尿道下裂等 4 种疾病医疗保障水平工作实施方案》，正式将苯丙酮尿症患儿纳入重大疾病保障范围。其中，参加山西省新农合的 0~14 岁普通型苯丙酮尿症患儿，按照 70% 补偿标准报销，年度补偿限额 12000 元，保障范围包括了国产无苯丙氨酸特殊食品、蛋白质及每年 12 次血浓度监测费用。

2015 年 7 月，山西省人社厅下发了《关于苯丙酮尿症患者门诊治疗费用支付标准通知》，此次出台的文件将苯丙酮尿症纳入城镇重大疾病保障范围，并且不再受限住院，平时的特食、检查、药品均列入报销范围。

2017 年 4 月 18 日早晨 7 点，太原市阳曲县阳曲镇峰西村一处普通农家小院里，女主人冯清真掀开卧室的门帘，23 岁的儿子虎虎已经醒了，他躺在床上睁着眼睛四处乱看。冯清真拿起儿子的衣服，细心而又熟练地给虎虎穿上，虎虎脸上却一直没有任何表情。

虎虎身高 1.78 米，体重约有 150 斤，是苯丙酮尿症患者。

冯清真说，家里共有 7 口人，公婆、丈夫、她和 3 个孩子，除老二外，虎虎的妹妹也是苯丙酮尿症患者。不同的是，妹妹除了需要吃特食外，与其他孩子并无不同，现在已经上了小学二年级。目前，家里的主要经济来源是她和丈夫打工挣钱，每月有 3000 多元的收入。

2017 年，山西省人社厅下发了《关于调整部分特殊疾病医保待遇的通知》，其中明确提出，今后苯丙酮尿症报销费用将按年龄划分阶段、实行年度最高限额等制度，此举在全国尚属首例。

冯清真说，小女儿 9 岁，一年的特食费大约需要 1.8 万元。按照刚出台的文件，可以报销 1.2 万元，自己只需要出 6000 元，对于他们这样的家庭帮助真的很大。

其他的苯丙酮尿症患者父母对医保新政也都非常满意。赵力说：

"女儿 14 岁了，新政实施后，能多报销 1000 元左右。到 2018 年孩子 15 岁时，按报销年龄段计算，如果孩子的体重控制好，我们只需要支付 1 万元左右的药品费用。"

有了医保，这些"不食人间烟火"的孩子有了更多的保障。

有新农合作保障，手术才花 100 元

2015 年 11 月，山西省运城市临猗县嵋阳镇嵋阳村 37 岁的村民张红亮因肚子疼住进嵋阳镇中心卫生院，被诊断为急性化脓性阑尾炎。在医院接受手术 13 天后，张红亮痊愈出院，只交了 100 元。

张红亮父亲说，他们一家靠种苹果、桃子为生，家境一般，张红亮的这个病如果在城里住院，可能要花掉五六千元，这对于他家来说并不是一个小数字。

据嵋阳镇中心卫生院院长介绍，这一切源于 2014 年 4 月，嵋阳镇中心卫生院被临猗县新型农村合作医疗管理中心确定为实施住院定额付费试点医院。参加新农合的农民住院只需缴纳 100 元，其余住院费用百分之百报销。"除了阑尾炎，还有痔疮、高血压等内外妇儿各科的 1200 多种疾病，农民只需要花 100 元。"

住院定额付费只是临猗县新农合支付改革的一环。实际上，临猗县新农合支付改革从 2012 年开始，已经经历了按病种付费、按床日付费、乡镇定额付费和门诊总额预算四个阶段。

据临猗县新型农民合作医疗管理中心主任介绍，2012 年，该县试行按病种付费，选择医疗费用较高、出院病例较多、治疗方法相对成熟的病种，根据医疗机构近三年病种费用，确定病种定额费用，原则是超支不补、结余归己，使农民在县级医疗机构住院的报销比例达到 75%，乡级达到 85%。

教育学习篇

"育才造士，为国之本"，中华人民共和国成立以来，尤其是党的十八大之后，山西教育发生了巨大的变化，党和政府不断深入推进教育改革，不断实现人民群众对教育的期盼。

学前教育不断向前发展。党的十八大以来，山西省将学前教育作为重要的民生工程、战略工程来抓，以县为单位先后部署实施了一期、二期、三期"学前教育三年行动计划"，系统推进学前教育改革发展。

全省城乡教育实现均衡发展。山西省旗帜鲜明地把推进义务教育均衡发展作为新时期义务教育工作的主攻方向，作为促进社会公平、办人民满意教育的核心任务。

中高考改革不断深入。1978年3月，山西大学迎来第一批恢复高考后的新生，高考成为那个时代最响亮的音符。近年来，一批重要改革文件出台，中高考一直在改革、升级。

产教融合带动职业教育整体提升。山西省先后出台了一系列加快发展现代职业教育的重要政策文件，涉及全省职业教育调整布局结构、提升保障水平、补齐短板弱项、优化发展环境、促进产教融合等方方面面。

全面发展，助推高教崛起。中华人民共和国成立之初，山西高校校均规模只有400多人，改革开放初期也只有1300多人。随着山西省一系列政策与资金的投入，截至2021年底，全省普通高等学校发展到82所，普通、职业本专科共有在校生89.08万人，在学研究生5.03万人，普通本科在校生53.25万人。

数字见证发展，山西省在办人民满意教育方面，绘就了砥砺前行的生动画卷，正迈步走向更加美好的明天！

义务教育 从均衡走向优质均衡

1986年，《山西省实施〈中华人民共和国义务教育法〉办法》颁布实施，赋予普通人接受义务教育的权利，到21世纪初"两基"（基本普及九年义务教育和基本扫除青壮年文盲）目标实现，再到2006年"两免一补"政策施行，教育公平的模样逐渐清晰……党的十七大报告中写下"教育公平是社会公平的重要基础"，教育公平重中之重的地位由此确立。

从"没学上"到"有学上"，再到"上好学"。山西教育公平沿着均衡化、城乡一体化的路径前行，广度和深度不断延展……

政策举措

2009年，山西持续推进优质高中招生指标到校政策，在全国较早实行优质普通高中招生指标60%以上比例分配到初中学校的政策，有6个市达到70%，晋中达到100%。

2012年，山西确定到2018年所有县（市、区）基本实现义务教育均衡发展的工作目标。在此之前，2010年《山西省人民政府关于进一步推进义务教育均衡发展的意见》下发，提出了推进均衡发

2021 年 10 月，在太原市五一广场，观看完升旗仪式的小学生们欢呼雀跃

展"26 条"。

2021 年，山西省坚持把教育作为财政支出重点领域予以优先保障，调整优化支出结构，加大教育投入，保基本、强弱项，持续推动义务教育优质均衡发展。

山西省还建立起从学前教育到研究生教育全覆盖的学生资助体系，"不让一个孩子因家庭经济困难而失学"的目标基本实现。

数字成果

1949 年，山西省总人口中文盲、半文盲占 80%。至 2018 年底，山西省所有县（市、区）全部通过国家义务教育基本均衡县（市、区）督导评估认定，是全国第 15 个整体通过国家评估认定的省份。

截至 2021 年底，全省共有义务教育阶段学校 6206 所，在校生 342.09 万人，专任教师 27.8 万人。

"全面改善贫困地区义务教育薄弱学校基本办学条件"这一国家工程覆盖全省 1.14 万所学校，累计投入 121.98 亿元；农村义务教育学生营养改善计划覆盖 83 个县（市、区），惠及学生 433.54 万人次，农村学生身体素质显著提高。

构建贫困学生全链条教育资助体系，实现学前教育到研究生教育全覆盖，资助金额累计达 156 亿元，资助学生 1000 余万人次，坚决不让一个学生因家庭经济困难而失学。

2021 年 5 月，太原市兴西小学的学生在室外感受别样的朗读公开课

幸福故事

阳光下招生　希望中成长

几年前，位于山西晋中城区的榆次五中校长王红梅很"痛苦"，而地处偏远地带的平遥县岳壁三中校长张明星也很"无奈"。

择校之风盛行，导致这两所学校的境遇"冰火两重天"。

榆次五中校区不大，但挤了2800多名学生，王红梅不仅要为办学经费耗神，还要尽量协调120人的超大重点班和40多人的普通班的教学计划。而岳壁三中七成在校学生在外借读，只有170多人实际在读，校舍70％是危房，师生走在校园里，"晴天一身土、雨天一身泥"……

两名校长也有相似的忧虑：榆次五中教师被分成三六九等，带重点班的"扬眉吐气"，带普通班的"垂头丧气"，师生间心理不平衡；岳壁三中则是校园"冷冷清清"，学生"无精打采"，教师"无心教学"。

"必须改革招生制度，缩小校际、班级之间差距，推进义务教育均衡发展，让师生站在同一起跑线上。"2012年，晋中市教育局局长在教育部举办的推进义务教育均衡发展典型案例通气会上说。

2008年，晋中对区域内义务教育阶段学校整体进行标准化建设，坚持把每个乡镇的初中都办好。同时，把区域内16所优质高中80％的招生指标按比例全部下放到初中，另外20％的指标作为奖励，分配给综合评价而非单纯是升学率较高的初中学校。同时，向广大家长宣布，小升初择校者不得享受优质高中统招名额。

同时，晋中将学区划片全部公开、招生编班全部公开，对学区适龄儿童人口进行摸底、登记，每年在招生启动前通过媒体告知广大家长学生所在学区及学校。

晋中市榆次区教育局对全区各校的教师进行强弱分配，邀请人大、纪检、家长等各方代表共同参与全区公开招生编班。

这种政策变化让榆次学生家长段红艳不再为孩子择校而烦恼。她说："经过三年的学习，孩子在一所很普通的初中发展良好，顺利考上优质高中，门口卖菜的大嫂家孩子在另一所普通学校同样考取了优质高中，可见各学校的水平差异不大，择校真的没意义了。"

阳光下的招生，也使所有学校和老师都回到公平竞争的平台。有了相对均衡的生源，薄弱校、普通班的教师有了一争高低的志气。在不同学校之间，"捆绑"交流和考核机制也促进了科学教育理念和先进教学方法的良性传播。"阳光招生，彻底摘掉了我的愁帽子。"王红梅说。

近年来，晋中市通过层层签订责任书、向社会公布举报电话的方法，大力治理公办教师有偿补课和公办学校乱收费现象。群众对教育的行风评议一年好过一年。

"义务教育阶段择校是一个难题，但是晋中的案例让我们看到了努力和成效，也给了我们解决这一难题的希望。"教育部基础教育一司司长说，"虽然各地情况不同，推进义务教育均衡发展的具体做法会有差异，但是晋中的实践却向我们传递着一个强烈的信号，那就是要我们把学校、校长、教师的注意力和精力放在按照教育规律办学、按学生成长规律育人上来。"

"村里出去读初中的孩子都回来了，大家高兴又踏实。"山西晋中市榆次区修文镇村民王利明乐呵呵地说。2009 年，为考上优质高中，王利明将儿子送到离家 20 公里的榆次城内就读，每周只能回家住一宿。

2010 年开始，晋中市实施优质高中招生指标 100% 到各初中学校政策，明确规定"择校生"不得享受到校指标，成千上万名城镇"择校生"返回片区学校，均衡了城乡之间和学校之间的差距。

王利明说："回到镇上不光省了赞助费，而且书费全免，还有寄宿生生活补助，连住校伙食费都不用交。更关键的是，从城区交流来不少优秀老师，班主任比家长还上心，不爱说话的孩子也逐渐开朗起来。"

"现在晋中义务教育阶段学校已实现没有超容量班、没有重点班、没有择校、没有教师有偿补课，全市城乡学校初步实现了教育装备无差别、师资配备无差别、学生生源无差别、学校精细化管理无差别，教育的社会满意度显著提高。"晋中市市长表示。

让每个孩子享有公平而有质量的教育

农村寄宿制学校建设的"长治案例"是山西省实现义务教育均衡发展、推进城乡教育一体化的缩影。2018 年 5 月，长治市教育局在教育部举办的《国务院办公厅关于全面加强乡村小规模学校和乡镇寄宿制学校建设的指导意见》新闻发布会上，作为全国所有地级市的唯一代表作了现场经验交流。

到达长治市潞城区微子镇小学时，正值课间操时间，一群学生正在干净整洁的操场上踢足球，他们围着足球你追我赶，防守、进攻，玩得不亦乐乎。微子镇小学创建于 1945 年，"努力让每一个孩子享有公平而有质量的教育"是该校办学宗旨。微子镇小学招生范围包括全镇 28 个自然村，2018 年共有在校生 478 名。

"享有公平而有质量的教育不再是农家娃的奢望，农村寄宿制学校的特色项目不断呈现，使农村教育实现更好更快发展。"微子镇小学校长说，学校正大力开发新课程、改革新课堂，建构"自学前移、展示为主"的合作学习课堂教学基本模型。

"校园足球"是微子镇小学的特色项目，该校足球队在当地赫赫有名。2016 年，该校引进足球项目，组建了学校足球队和班级足球队，并积极推行"一日常规",实行班级联赛。"把校园足球作为生命实践教育的突破口,把足球课确定为微子镇小学的必修课,我们就是要让每个学生都有球踢、会踢球。"该校校长说,依托足球项目的优势,学生们在努力学习文化知识的同时强健体魄,得到全面均衡成长。

职业教育 从"单一办学"到"产教融合"

改革开放以来，山西省高度重视职业教育发展，制定了一系列政策，推动职业教育与产业发展紧密对接，倡导产教融合、校企合作，为经济社会发展培养更多技术型、技能型、创新型的高技能人才。

同时，职业教育不断深化改革，也推进了产教融合、校企合作，为新发展阶段培养了更多高素质技术技能人才、能工巧匠、大国工匠。

政策举措

2003 年，为贯彻落实《国务院关于大力推进职业教育改革与发展的决定》和全国职业教育工作会议精神，进一步加快我省职业教育改革与发展，更好地为我省现代化建设培养各级各类实用人才，《山西省人民政府办公厅贯彻国务院关于大力推进职业教育改革与发展的决定的通知》下发。

2006 年，《山西省人民政府关于大力发展职业教育的决定》，提出加强职业教育和培训网络体系、县级职教中心、示范性职业院校、职业教育实训基地、职业教育师资队伍等建设；同时，发展民办职业教育，发挥行业企业职业教育资源优势，调动行业企业发展职业教育的积极性。

2015 年召开的山西省职业教育工作会议提出，大力发展中等职业教育，创新发展高等职业教育，加强中高职衔接，积极发展多种形式的继续教育，尽快完善从中职、高职到应用本科、专业学位研究生各个层次贯通衔接的现代职业教育体系框架。

2020 年，《山西省人民政府关于印发山西省推进职业教育改革发展行动计划的通知》提出，加快推进职业教育高质量发展，切实提高职业教育服务全省转型发展、振兴崛起的能力。

2021 年，全省职业教育大会召开，启动实施省级"双高计划"，遴选 10 所省级高水平高等职业学校和专业群建设单位。

数字成果

截至 2021 年，山西省共有中等职业学校 411 所，在校生 41.82 万人，专任教师 3.19 万人；职业本科院校 2 所、高职（专科）院校 48 所，高职本科在校生 0.47 万人，高职专科在校生 35.36 万人。

对接全省经济社会发展需要，全省职业院校共开设 19 个专业大类 736 个专业，布点专业 3397 个，立项建设省级重点（特色）专业 394 个，立项建设实训基地 855 个。

累计培养技术技能型人才和高素质劳动者 100 余万名，平均就业率高职达到 84.8%、中职达到 95%。每年职业院校毕业生占全省新增劳动力的 60%，且 85% 以上来自农村地区。

幸福故事

新时代让职业教育大有可为

近年来，在山西转型发展的背景下，山西省职业教育坚持"服务发展，促进就业"的办学方针，一手抓建设、促发展，一手抓改革、提质量，全省职业教育改革发展取得显著成效，成为山西转型发展技术技能人才的主要来源。

以山西机电职业技术学院实训为例。这所坐落于长治市的老牌高职院校有一个数控技能大师工作室，2021年4月25日，工作室里，淮海工业集团有限公司高级工程师李勇怀和数控技能大师工作室成员张子祥、郭海青等正在针对公司所使用的数控磨床精度不达标问题进行研究讨论，查找由于伺服电机控制、滚珠丝杠传动等可能造成磨床产生误差的各种原因，经过多次实验、调试，最终解决了数控磨床精度不够的问题。这只是数控技能大师工作室为企业解决的实际问题之一，近年来，该工作室已累计为企业解决实际问题50余个，承担科研项目20余项，为企业产生直接经济效益4000余万元。

产教融合、校企合作是职业教育培养高质量技术技能人才的必由之路。"十三五"时期，我省积极推进太原、大同、晋中、长治等4个省级产教融合试点城市，培育入库66家省级产教融合型企业，全力服务山西经济转型升级。推进现代学徒制人才培养模式改革，18个单位参与全国现代学徒制试点，88个单位107个专业参与省级现代学徒制试点，受益学徒共计7000余人。

技能人才与工作岗位在相互需求中成就自我

2021年4月25日，在平遥现代工程技术学校一节推光漆器彩绘课上，专业教师刘煜正在为学生讲授推光漆器人物彩绘开脸技法，并

平遥现代工程技术学校专业教师刘煜在漆艺实训课上为学生示范描金技法

上手为学生做示范，寥寥数笔，一个写实且传神的童子形象便跃然光洁如镜的漆面上。刘煜是平遥现代工程技术学校工艺美术专业首届毕业生，如今他已经成长为晋中市工艺美术大师，创作出一系列成熟作品。

"我特别喜欢绘画，听说职业学校不仅免学费，而且平遥知名国家级工艺美术大师薛晓东还在学校建了工作室带徒授课，就报了名。"刘煜初中毕业后来到平遥现代工程技术学校就读，目前就职于恒隆泰漆艺有限公司。在不断锤炼自身技艺的同时，他还致力于教育培养优秀的平遥传统技艺继承人，受聘母校，先后悉心指导 247 名学生，培养专业人才 75 名。

学以致用是职业教育的一个基本出发点。作为一所县域中专，平遥现代工程技术学校一直在这条路上不断探索。

平遥推光漆器是"中国四大名漆器"之一，以手掌推光和描金彩绘技艺著称，2006 年，平遥推光漆器髹饰技艺被列入首批国家级非物质文化遗产保护名录。平遥现代工程技术学校校长说："利用区位优势，发展特色专业，强化办学特色，紧密对接市场，培养适应平遥经济发展需要的人才，是我们改革的总基调。瞄准机会，引企入校，创造性开展民族特色文化专业建设，学校的改革故事就是从这里开始的。目前，学生很受市场欢迎，还没毕业就有企业来'预定'。"

为区域经济高质量发展提供技术技能人才

2021年4月，在"自家企业上大学"的山西鹏飞集团首批48名职工也迎来了毕业季，他们将拿到山西工程职业学院全日制专科教育毕业证书。这些学员中，有的已成为工段长、车间主任，还有人已当了厂长。

近年来，山西工程职业学院主动融入区域经济发展，积极与企业沟通联系，采取"送教进企、半工半读、工学结合"的教学模式，先后与山西鹏飞集团、山西晋南钢铁集团等企业合作成立8个产业学院，在校企共建双主体育人管理运行机制、校企共建特色鲜明的专业群、校企协同创新人才培养模式等方面成效显著。

"把自己变优秀了，找工作更有信心。"这是即将毕业的山西机电职业技术学院2021届焊接技术与自动化专业学生刘智勋的就业感言。他说，3年来，在老师指导下，他明确了自己的前进方向，整天泡在实训室，甚至周末、假期都不休息，刻苦学习、苦练技能，曾在"2019年'嘉克杯'国际焊接大赛"上荣获学生组个人单项三等奖。优异成绩和过硬技能是一块很好的"敲门砖"，现在，刘智勋已与理想企业签订就业协议，提前进入工作岗位。

"职业教育改变了我的人生轨迹，让我有了一技之长，为个人未来发展打下坚实基础，我选择职业教育这条路走对了。"孙启超是山西药科职业学院2010届医药营销专业毕业生，谈起职业教育对自己的帮助，他感慨良多："'中国制造'到'中国智造'的转变离不开职业教育，职业教育真的大有可为。"

高考改革　向科学、合理、人性化迈进

高考伴随着百姓的记忆，记载了整个社会的变革。1977 年至今，山西高考改革的步伐从来没有停止过。梳理高考关键词，定向招生、定向分配、保送生、双轨制、高校扩招、春季招生、高中新课改、自主招生、网上录取、平行志愿……这样的名单，可以列出长长的一串来。可以说，高考历程中的每一步改革，不同程度上都可视作经济、政治、社会发展水平的缩影。随着时代的发展，高考朝着更科学、更合理、更人性化的方向进行的改革探索也从未停止。

政策举措

1977 年，山西省普通高校、中专学校统一招生考试制度得到恢复，实行全省统一命题，考试工作于年底进行，新生于 1978 年春季入学。

1992 年，山西开始实行高中毕业会考制度。经过多年的论证和试点，逐步形成了"3+2"高考科目设置方案。

1998 年，国家确定山西、江西、天津为高中新课程改革试点省市，在完成一轮试验后，2000 年，山西作为全国高考科目设置改革的试点省份之一，进行了"3+X"（语文、数学、外语加文综或理综）的高考科目设置模式改革。

2008年秋季开始，山西省普通高中起始年级全面实施高中新课程实验。

2010年，山西中考实行全省统一命题；2013年，山西中考体育成绩提至50分，8市实行网上评卷，进城务工人员随迁子女在山西参加中考，也可享受与当地常住户籍人口子女同等的待遇。

2012年，山西省高考政策有4项重大改革：一本实行平行志愿投档录取、网上填报志愿、网上评卷和22所省属高等院校自主招生。

2020年6月，太原市山大附中高三的学生在认真听讲

2021 年 6 月，结束高考的学生和老师开心庆祝

数字成果

截至 2021 年，山西省共有高中阶段在校生（含技工学校）110.14 万人。普通高中 517 所，在校生 68.31 万人，专任教师 6.50 万人。高中阶段毛入学率达到 95.20%，高于全国 4 个百分点。2021 年，山西省报名参加普通高考统一考试的人数为 31.57 万，实际参加文化课统考人数近 28 万人。

幸福故事

一次夏令营，他与清华大学结缘

从小学到高中，太原学生胡英哲学习成绩一直不错。好好学习的同时，他还常常参加夏令营等课外活动。"2015 年那次夏令营，是我人生中一个重要的节点。"他说，这个貌似寻常的暑假活动，意义非比寻常。

2015 年 7 月，正值胡英哲高二的暑假。"之前老师就提醒过，清华大学等名校会组织夏令营活动，我就一直关注。"他添加了清华大学微信公众号，时刻浏览最新动态，直到清华大学工程物理系发布夏令营招募计划。"自己报名参加就行，不需要学校推荐。"胡英哲说，报名材料均通过网络提交。

此外，胡英哲还提交了一份自荐信，主要写了自己对物理学的热爱、对工程物理学的认识，以及对清华大学的憧憬。

"清华大学工程物理系很快回复了我。"胡英哲说，约定了夏令营活动日期后，他很兴奋，"虽只有 5 天时间，但注定收获满满。"

"对专业的认识，是我的第一个收获。"胡英哲表示，之前，只是凭借"工程物理"这样的字眼，主观推断学科情况。实际上，通过与清华的老师交流、参观相关实验室等，他才知道工程物理不仅仅是"搞核反应堆的"，也做接地气的事儿。"这样的认识，让我坚定了上工程物理这个专业。"

除此之外，夏令营还组织了笔试和面试。笔试是一种综合测试，侧重物理的同时，还兼顾了对数学、化学等知识的考查。

夏令营结束后，胡英哲的综合表现得到清华大学的肯定，并被承诺降低 20 分录取。"这让我一下子信心十足！"他说，按平时成绩，综合历年清华录取分数线，他本来觉得有点悬，但现在他基本上吃了定心丸。

2015 年 10 月，胡英哲参加全国中学生物理竞赛山西赛区的比赛，拿了一等奖的好成绩。2016 年 3 月，清华大学自主招生简章公布后，胡英哲按照要求提交了报名资料，5 月份公示通过审核的名单，他名列其中。可以说，夏令营是自主招生的一个预热，参加夏令营的学生，清华掌握了其学科水平和综合水平，更便于降分录取。"而且，在自主招生环节，我免去了笔试和面试。"

2016 年 7 月，高考成绩出来了，胡英哲总分 667 分，与清华的录取分数线略有差距，但降分后，他稳当地拿上了录取通知书。而今，在清华校园，他每天的生活紧张而充实，自言清华高手如云，不敢有丝毫懈怠。而谈及未来的职业发展，他表示将侧重于工程物理科学研究，争取在这个领域有所作为。

受益于高考专项招生计划，山村姑娘走进北大

2016 年高考，受益于面向农村和原贫困地区实施的重点高校招生专项计划，中阳县农家女孩王瑞奇以 586 分（理）的成绩，被北京大学医学部录取。

王瑞奇的老家在山西省中阳县暖泉镇王家庄村，她的父母都是农民。由于负担重，她家是村里的贫困户。

因为家里经济条件不好，王瑞奇和哥哥姐姐从小很少有新衣服穿。9 岁那年，妈妈张银兰破例给她买了一条新裤子。虽然有点长，但也让王瑞奇高兴了很久。小姑娘都比较爱穿戴，她还特意告诉好朋友这是妈妈给她买的新裤子。后来大了，她知道家里条件不好，就再没开口跟妈妈要过新衣服。因此，同学们对王瑞奇的印象是一直都穿一身校服。

2005 年，为了让孩子上县城里的好学校，张银兰和丈夫王保平从村里搬到了县城租房子住，12 年时间里，因为种种原因，先后搬了 8 次家。直到王瑞奇上高中后，一家人才在学校背后的山上找了个农家院，租了两间房长住下来。

妈妈眼里的王瑞奇从小就学习不错，还特别懂事、特别能吃苦。

虽然是家里最小的孩子，可王瑞奇非常自立，家里的钱和银行卡都是她来管。因为家庭条件不好，她小时候有些营养不良，体育一直不是特别好。中考的时候有体育测试，为了提高体育成绩，王瑞奇坚持每天早上起来跑步锻炼。中考体测时，她得了满分。

中阳一中的张瑞萍老师是王瑞奇高中三年的班主任。她说，王瑞奇留给她最深的印象就是这孩子很省心。

张老师说，王瑞奇的特点就是对自己要求严格又肯下苦功。高一的时候，她的成绩在班里是中等，加上平时不爱说话，在班里不显山不露水。但张老师发现，这个孩子学习很用功，节假日休息，她基本不出门，就是一个劲学习。到了高二，王瑞奇的成绩就开始稳步上升，高三更是有了明显的进步。"她遇到不会的题肯定要问明白。物理和数学是她几门课里的弱项，一有时间就向代课老师请教，这一点特别好。"张老师对这个弟子很满意。

第一次到北大报到，是父母和哥哥陪着一起去的。"当时，我们围着学校走了很久，感觉北大好大啊。在校门口拍照的时候，我心里突然有了一种自豪感，我是北大人！"王瑞奇说。

王瑞奇说，家里父母都已经年过半百，希望自己能多学点东西，将来有能力好好报答父母。刚到北大的时候，因为是专项生，王瑞奇觉得与其他专业的学生相比，自己在能力上确实有差距，心里还有些忐忑。后来上了一段时间后，她发现大学侧重自主学习的过程，与高中的学习方式有很大的不同，便慢慢地找回了自信。"我需要做好自己该做的，有余力的话再向别人学习，那这种落差就很小了。"

高等教育　踏上高质量发展新征程

2017 年，山西省委、省政府启动实施"1331 工程"（"1331 工程"是山西省高等教育振兴计划工程，即坚持"立德树人"一个根本任务；重点学科、重点实验室、重点创新团队三项建设；高校协同创新中心、工程（技术）研究中心、产业技术创新战略联盟三项建设；产出一批标志性成果），走出了欠发达省份办优质高等教育的新路径。山西省高等教育逐步实现从外延发展向内涵发展转型、从规模扩张向质量提升转变、从封闭办学向产教融合转向，在立德树人、学科建设、创新团队、科学研究和成果转化等方面取得了显著成效，全省高等教育跨入高质量发展新阶段。

政策举措

2017 年 3 月，山西省政府召开实施"1331 工程"统筹推进"双一流"建设动员部署会，为山西高等教育发展擘画蓝图，强调按照"山西急需、国内一流、制度先进、贡献突出"的要求，推动高校真正成为解决山西经济社会发展重大科技问题、实现技术转移与成果转化的生力军，促进山西高等教育振兴崛起。

2018 年 8 月和 2019 年 1 月，山西省与 C9 高校战略合作座谈会、山西省与高水平大学战略合作座谈会暨签约仪式先后召开，与 11 所高水平大学签署了战略合作协议，《北京大学支持山西大学建设与发展实施方案》和《清华大学—太原理工大学深化合作协议》双双签约。同时，一批校校合作、科研合作、育人合作项目也签约落地。

数字成果

2012 年以来，山西高校累计向社会输送博士、硕士毕业生 8.24 万人，普通本专科、中等职业教育毕业生 323.21 万人，为全面建成小康社会提供了强有力的人才支撑和智力保障。

2017 年 3 月，"1331 工程"实施以来，已有 1236 名来自"双一流"高校以及国际知名高校的博士、硕士到山西高校工作。

2017—2019 年，山西与一批国内著名大学开展合作项目 146 项，涉及生态修复、新材料、新工艺、工业智能等多个领域。

2021 年，山西斩获国家自然科学二等奖、国家科技进步二等奖各 1 项，结束了 2014 年以来全省高校无国家科学技术奖的历史；多项创新平台建设实现突破，"引力波探测装置""高速飞车""超算中心"等一批重大战略科研项目落地山西高校。

2021 年，全省高校新增博士学位授权点 9 个、硕士学位授权点 32 个，并实现了工程领域专业博士学位授权点"零"的突破，超额完成既定目标任务；国家一流专业建设点新获批 67 个，总数达 127 个，提前完成目标任务。山西省 22 所高校进入全国前 500 名。

幸福故事

山西高等教育在产教融合中自我重塑

山西省委、省政府"1331工程"和"三个调整优化"大战略实施以来，山西高等教育在转型发展背景下超前识变和主动应变，全省高校在产教融合中刀刃向内自我重塑。

以"小切口"带来全省高等教育"大变局"

2017年12月，山西省政府召开"全省高等教育本科专业优化调整工作启动会"，正式开启了山西省高校扩招以来第一次大规模的本科专业优化调整工作，拉开了深化高等教育人才供给侧结构性改革、推动高等教育特色发展的序幕。

山西省教育厅高教处，面对的主要任务就是把与办学定位不一致、质量不能保证、设置数量过多的专业进行"撤停并转"，要砍掉全省高校原有专业总数的15%～20%，为新兴专业设置腾退办学空间和教学资源。

2021年8月，在太原东山脚下，山西大学东山校区正式启用

太原理工大学直接对接山西14个标志性引领性产业集群，先后撤停17个专业，新增了应急技术与管理、机器人工程、智能医学工程、文物保护与修复等14个专业。经过全校师生共同努力，目前学校获批国家级一流专业建设点总量达到30个，位列全国地方高校前列。

中北大学坚决对生源数量不足、就业形势严峻、不适应山西经济转型发展的"虚、旧、僵"专业下决心调整，一步到位完成撤停，专业总数由81个减少到60个。其中工科占比由原来的65.43%增加到70%，行业背景和以工为主的办学特色更加突出，专业核心竞争力进一步增强。

山西省教育厅同时发布《山西省本科专业增设指南》，引导高校主动增设与战略性新兴产业发展和民生急需相关的学科专业，鼓励增设"新工科、新医科、新农科、新文科"专业和填补空白的专业，超前布局直接服务"14个标志性引领性产业集群"的专业。截至2020年底，全省高校共撤销停招本科专业277个，占原有专业总数的23%，撤销陈旧专业方向100个，占原备案专业方向的71.4%；新增设并安排招生专业187个、专业方向14个；369个专业入选国家一流专业建设"双万计划"，其中国家一流专业建设点127个。

谈起这场改革，山西大学副校长感触颇深："当代大学已经成为社会发展的轴心力量，大学与社会发展的关联度越来越强。在社会需求和有限资源牵引下，对学科、专业及其所依附的基层学术组织调整优化，既是国家和社会对大学的要求，也是大学自身成长发展的诉求。"

高等教育对转型发展的支撑力凸显

2021年阳春三月，临汾各地槐花开满山野，洪洞县兴唐寺乡正值打造康养小镇的关键期，乡里想要开发一些具有当地特色的功能食品，得知乡里的诉求后，山西中医药大学校长马上召集团队成员以槐米、富硒花生等为主要原料，研发出槐米醋饮、改善睡眠的植物饮料、醋泡枸杞花生等功能食品，成为该乡招商引资交流活动的亮点。

山西中医药大学党委书记表示，山西药茶作为山西省打造农产品精深加工十大产业集群发展的着力点、突破口，是建设中医药强省的有力抓手。山西中医药大学成立药茶学院是贯彻落实省委、省政府"三个调整优化"决策部署的重要举措，此举有利于产教研融合的内涵式发展，对加快推进教育链、人才链和产业链的有机衔接与深度融合意义非凡。

从"1331 工程"到"三个调整优化"，全省高校立足办学定位、方向和特色，面向新一代科技革命和产业变革，面向社会事业和改善民生，面向对外开放战略，以实现"双一流"和服务"地方和行业需求"为导向，建优建强学科专业，推动特色专业集群化发展，先后成立了云冈学学院（研究院）、先进金属材料专业群（研究院）、煤基资源绿色高效开发利用专业群（研究院）、药茶专业群等特色专业群，成立航空航天学院、半导体学院、药茶学院、电影学院、大数据学院等一批产业学院。

2019 年 10 月 19 日，对于山西农业大学和山西省农业科学院来说，是一个里程碑式的日子。当天，一所百年学府、一个省级科研院两个单位合署后成为一个单位，名称为"山西农业大学（山西省农业科学院）"。

2020 年 3 月，山西省委、省政府决定将山西艺术职业学院、山西戏剧职业学院和山西省晋剧院、山西省京剧院合并组建新的山西艺术职业学院，探索融教学、科研、演艺于一体的产教融合、校企合作、院团合一的办学模式，旨在促进人才培养、产业发展、演艺市场共生共荣。

太原理工大学党委书记表示："高等教育必须回答好两个问题，那就是办什么样的大学？怎么办大学？大学的发展在于服务国家重大

2012 年 5 月，太原理工大学建校 110 周年系列庆祝活动中，学生展示最新的机器人技术

战略，在于服务区域经济发展，落实省委关于高等教育'三个调整优化'的决策部署，是实现'双一流'提质增效的重要途径，也是服务区域经济发展的必然选择。"

终身学习　人生有涯学无涯

山西省针对群众多样化、个性化的终身学习需求，围绕职业技能、全民健康、老年人运用智能技术等主题，广泛开展线上线下相结合的讲座、培训、观摩等多种形式的教育培训服务，营造"人人皆学，时时能学，处处可学"的浓厚氛围，使终身学习成为全民的一种精神状态和生活方式。

政策举措

山西省教育厅于 2013 年 7 月 19 日向所属各市教育局及时转发了《教育部办公厅关于举办 2013 年全民终身学习活动周》的通知，努力扩大全民终身学习活动周参与面。

2017 年，《山西省人民政府办公厅关于贯彻落实国家老年教育发展规划（2016—2020 年）的实施意见》指出，要扩大老年人受教育机会，满足老年人日益增长的精神文化和学习需求。到 2020 年，基本实现县级老年大学全覆盖，承担区域内老年教育教学以及学习资源共享配送、示范教学、举办学习成果展示等活动。

2017 年，《山西省教育厅等九部门关于推进社区教育发展的实施意见》发布，提出到 2020 年，建成结构合理、内涵丰富、开放共享、服务完善、具有山西特色的社区教育办学网络体系。

2019 年，《山西省人民政府关于推行终身职业技能培训制度的实施意见》印发，提出建立并推行覆盖城乡全体劳动者、贯穿劳动者学习工作终身、适应就业创业和人才成长需要以及经济社会发展需求的终身职业技能培训制度，目的在于全面提升劳动者就业创业能力、缓解技能人才短缺的结构性矛盾、提高就业质量。

2021 年，山西终身学习在线平台开通。该平台为公益性服务全民终身学习的公共服务平台。

数字成果

2021 年，围绕山西省战略性新兴产业集群和农产品精深加工十

2021 年 12 月，太原老年开放大学一课堂上，学员们认真学习

大产业集群培训 3.18 万人次，开展实用技术培训 235 万人次、社区教育培训 488 万人次、职工继续教育培训 11.9 万人次。

幸福故事

家门口的"老年大学"，学啥都免费

京剧、葫芦丝、手风琴、书法、绘画、舞蹈……众多才艺，想学哪个都可以，免费学，还不用走太远，在家门口就能学！只要你愿意，各个课堂的大门随时为你敞开！

这就是太原市尖草坪区汇丰街道办槐园社区居民生活的真实一幕。所有的课程都在社区一间多功能室进行，一周 7 天，天天有课，这间特殊的教室基本不会空闲，总是很热闹。大伙儿亲切地称它为家门口的"老年大学"。

2018 年 6 月 30 日，一走进槐园社区所在的小巷，耳边就传来了悠扬的琴声和动人的歌声。这里正在进行的是声乐课。

说起这里的声乐班，免费教学的刘老师一脸的开心和自豪："班里学员最小的都在 60 岁以上，年龄大的有 80 多岁。人老了，不图别的，只要健康快乐就好，社区的声乐班就是我们陶冶情操的好地方。唱歌使人开心，在这里，我们收获了快乐，也收获了友谊，感觉自己的晚年生活很幸福。"刘老师表示，只要身体条件允许，她就会一直坚持下去。

临近教室门口的墙上，张贴着一张课程表，课程表上从周一到周日都有课，上午从 9 点到 11 点，下午从 3 点到 5 点，一天共 4 个小时，课程种类共计 7 种，除声乐课外，还有京剧、葫芦丝、书法、绘画、舞蹈等。一位学员说，有时候，社区也会临时穿插一些别的课程，比

如插画、丝网花制作等。

槐园社区共有居民 4272 人，其中 60 岁以上的老人有 2856 人，占到 2/3 左右。所以，推进老年宜居社区建设、提高社区老年活动建设水平是社区工作的重点。

"提高生活品质，让他们在快乐中获得新知、收获健康，是我们为老人服务的宗旨。自从多功能室开设兴趣班以来，很受欢迎，这一年多的时间，有 500 多名学员从中受益。"社区负责人说，"居民们学习热情高涨，还想开设面塑、剪纸、阳台种菜等课程，希望有更多的爱心志愿者能参与进来，把多功能室打造成趣味、多元、专业的活动室，让它成为人人称颂、人人受益的'社区老年大学'。"

技能培训，解农民无一技之长之忧

忻州市五台县东冶镇望景岗村村民朱文军只有初中学历，2019年，他与其他 4 名村民共同成立了五台县东冶镇望景岗旱丰源专业种植合作社，从事红薯、甜瓜、谷子的种植和销售。

"咱自己的文化水平不高，开始种甜瓜时也不懂技术，一直想着要去哪儿学一下。去年，市里组织技能培训，我们报名参加了，一分钱没花，就学习了灌溉、育苗等技术。回来我们就尝试搞甜瓜育苗，铺设滴灌设施，当年甜瓜产量就上去了！"朱文军说。

作为稳就业、促增收的重要手段，忻州市以取证持证为标志，以提升就业能力和技能收入为目标，持续向广大劳动力，特别是贫困劳动力开展普惠性培训。

"参加职业培训，不仅是为了领一个'本本'，更重要的是通过培训，切实提高农民素质，帮助他们掌握一项技能，让他们从'门外汉'成长为专家。"忻州市人力资源和社会保障局副局长说，"抓住基础技能培训，注重高级技能人才培养，围绕'新基建、新技术、新材料、新装备、新产品、新业态'开展专项培训，一本证书'含金量'十足。"

他开微店，通过学习带领整村人脱贫增收

2020 年秋的一天，革命老区武乡县岭头村，齐人高的谷子地里，村民魏宝玉正举着手机直播谷子从种到收的全过程，他用这样的方式让直播间的粉丝们来"云监工"。他说，等 10 月中旬新谷一下来，销量能占到全年的一半。

最初，魏宝玉拿着手机搞直播，还被村里人笑话不务正业。可是很快，大家发现通过这么一通"乱拍"，魏宝玉把小米居然卖到了18.8 元一斤，订单从全国各地甚至法国飞来。魏宝玉的口袋鼓了起来，老实巴交的岭头人被震动了，开始"睁眼看世界"，从此开始学习使用互联网，学习电商营销。魏宝玉义务"传帮带"，一户带多户、典型带全村，连在外地打工的，也专门从太原、长治甚至外省赶回来参加电商学习，开微店脱贫增收成了村里最新潮的事。

在魏宝玉的带领下，越来越多的村民参加县电商营销培训后开了微店。这个只有 504 人的村庄，迅速开起了 80 多家微店，销售收入突破 100 万元，贫困户人均增收 1300 多元。2016 年底，岭头村实现整村脱贫，成为武乡微店脱贫示范村、山西微店第一村。

2016 年以来，武乡县全县农产品电商交易额达到 2.8 亿元，直接带动 2318 户贫困户 6954 人每年增收 347.7 万元。2018 年 9 月 9 日，在厦门举办的全球电子商务农村电商扶贫研讨会上，武乡经验得以交流。

劳动就业篇

就业是最大的民生，就业稳则人心安，就业稳则信心足。中华人民共和国成立以来，山西经济持续快速发展，综合实力不断增强，就业规模不断扩大，就业结构不断优化，就业保障体系不断完善，就业渠道更加多样……就业作为社会稳定器的重要作用日益凸显，也使居民可支配收入不断增加，一项项改革的红利正在惠及每一位劳动者，一组组数据也见证着山西就业发展的耀眼成就。

近年来，山西省把稳就业摆在突出位置，坚持实施就业优先战略和更加积极的就业政策，加大就业、创业扶持力度，紧紧兜牢高校毕业生、去产能职工、农村劳动力、退役军人、城镇困难人员等重点人群就业底线，按照"人人持证、技能社会"的要求，大力开展每年百万人的全民技能提升工程，打造出了吕梁山护工、天镇保姆等特色劳务品牌，山西百姓的"饭碗"端得越来越稳，日子越过越踏实。

目前，全省就业总量稳定增长，就业结构持续优化，百姓收入稳步提高，分配格局不断优化，百姓实现了更高质量和更充分就业。

可以说，就业不仅让老百姓腰杆挺起来、"钱袋子"鼓起来，更让国家富起来、强起来。

促进就业　打造山西劳务大品牌

天镇保姆、吕梁山护工、棋源叉车工、榆社古建工、平陆电工……一个个看似普通的岗位，也能做出骄人的成绩；一个个看似平凡的行业，也有广阔的天地可以施展才干，而这些仅仅是山西省多措并举促就业的一个缩影。

政策举措

近年来，山西省深入实施"一县一劳务品牌"工程，突出古建筑维护、高级焊工、非遗传承等培育方向，贯通实施技能培训、职业能力评价、证书发放、输出就业等服务，从而使一个个特色劳务品牌成为当地群众的就业名片。

数字成果

2021年1—11月，天镇县累计培训从业人员37410人次，其中28412人顺利就业，就业区域覆盖山西、河北、山东、北京等地，每年带回劳务收入约 4 亿元，年人均收入 4 万元以上。此外，有 20 余名天镇保姆走出国门，在美国、英国、加拿大等国成功创业。

2015—2020 年，吕梁山护工培训就业已成为吕梁市贫困人口和富余劳动力掌握技能、实现就业、脱贫致富的有效途径，也是吕梁脱贫攻坚的三大品牌之一。截至 2020 年，吕梁市共培训吕梁山护工 32 期 58299 人，实现就业 31516 人，其中贫困人口就业 12123 人。就业人员主要从事养老陪护、病患陪护、月嫂（育儿嫂）、家居保洁等家政服务工作，就业区域辐射北京、天津、青岛、太原、包头等 20 多个城市。

2021 年，由人力资源和社会保障部、吉林省人民政府联合举办的"第三届全国创业就业服务展示交流活动"上，棋源叉车工、天镇保姆、吕梁山护工、朔州保育员代表山西省冲进全国 100 强。

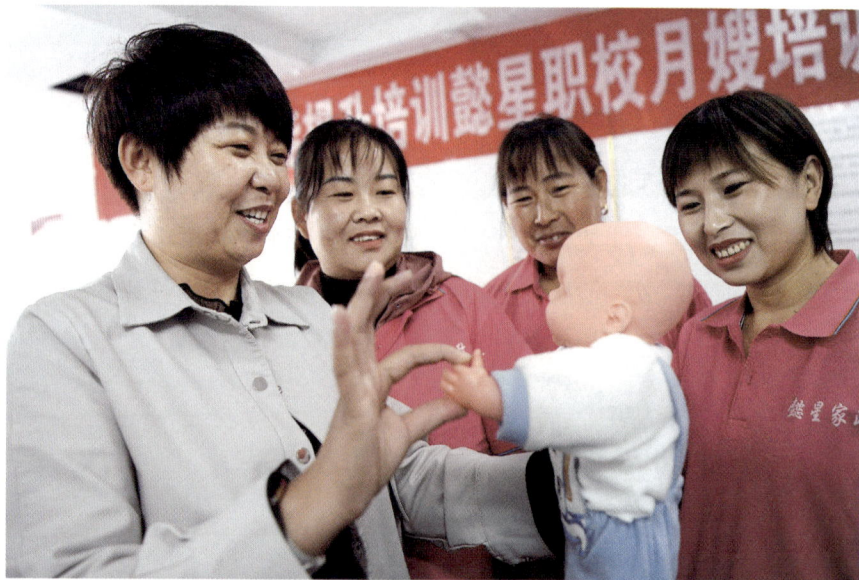

2020 年 10 月，一堂月嫂培训课正在吕梁市进行

幸福故事

天镇保姆：瞄准大市场　就业出路广

"我现在一年能挣 7 万多元，真心感谢县里的好政策，让我这个农村妇女有了一技之长。"在北京当育婴员的大同市天镇县谷前堡镇马圈庠村妇女杨凤英，从没想过做保姆能让自己的生活发生如此大的变化。

2006 年，杨凤英的丈夫感染布鲁氏菌病，几乎丧失了劳动能力。面对生活的窘况以及 3 个年幼的孩子，杨凤英来到县城一家洗浴中心当搓澡工。虽然很辛苦，但全家人的基本生活有了保障。当听说村里的姐妹们都走出去挣了钱，杨凤英和丈夫商量后，决定出去闯一闯。经过培训，2014 年，杨凤英进京当上了一名育婴员，2015 年杨凤英全家脱贫。"每年回家，我都要回培训学校继续深造，现在社会发展快，咱也得与时俱进！"杨凤英说。

天镇县阳光职业培训学校在 2019 年共培训 1874 人，其中技能培训 1316 人、技能提升培训 558 人。杨凤英所说的继续深造就是天镇县阳光职业培训学校提出的技能提升培训。

该校校长说："根据市场需要，学校增加了心理学课程，开展心理辅助咨询，提高就业成功率；开展'党建带妇建，妇建促党建'活动，在保姆群体中建立党支部，积极要求入党的人员逐年增多。这些创新工作，使天镇家政服务更具特色、品牌更加响亮。"

近年来，"天镇保姆"顺应老龄化社会大趋势，以品牌化为目标，赋予"天镇保姆"新的时代内涵，强化党建引领，引深校企合作，打造"基地＋培训＋就业＋创业"四位一体模式，吸纳更多高学历从业者，提升整体素质和竞争力，让"天镇保姆"成为优质家政的代名词。

天镇县将把"天镇保姆"作为促就业带增收的大产业，一方面，用好本地培训就业资源，面向全省吸纳从业人员，扩大培训就业规模，带动更多妇女就业，进一步巩固中端市场；另一方面，坚持高端引领，开设金牌月嫂、育婴早教、家政助理、膳食养生、心理疏导等专业，培养能"陪伴孩子成长，陪护老人生活，守护家庭健康，打理家庭事务"的职业家政服务人员，逐步占领高端市场。通过规模化发展，让"天镇保姆"不仅占领本省市场、京津市场，更要进一步拓展东南沿海和国际市场，增加品牌的广度、深度、厚度，把"天镇保姆"打造成永不褪色的金字招牌。

马金莲让"吕梁山护工"劳务品牌叫响全国

"我是一名吕梁山护工，走出大山前从来没想过自己会创办一家家政公司，会带领 1700 多名姐妹走出大山，从'三转婆姨'变成靠自己双手彻底告别贫困的家政人！是党的好政策给了我创业的平台，让我从一名普通的农村妇女变成吕梁山护工的创业者！"2020 年 10 月，在全国脱贫攻坚先进事迹巡回报告会上，马金莲讲述着自己的故事。

1985 年，马金莲出生在吕梁市柳林县薛村镇的一个小山村。由于家境贫困，作为家里老大的她小学 3 年级没上完就辍学回家照看弟弟妹妹。为了给家里增加收入，16 岁的马金莲只身到太原打工。20 岁结婚后，她摆过地摊、在工地上给工人做过饭，后来还卖过服装、开过旅馆。原本日子过得还不错，后来生意亏本加上大儿子突然得了肾炎，一下子欠了 30 多万元的外债。

2015 年 9 月，吕梁市开始试点吕梁山护工培训就业工作。依托吕梁卫校等 11 所定点培训机构，吕梁市每年投入 2000 余万元，免费培训数以万计的贫困群众。经过培训后，原先常年围着锅台转、围着老公转、围着孩子转的"三转婆姨"成为掌握专业技能的护工，走出大山实现就业脱贫。

马金莲报名参加了培训。一个多月后，因表现突出，她被北京爱侬家政公司录取。到北京后，凭着吃苦耐劳和勤奋，马金莲迅速成长为一名合格的家政公司洽谈老师。工作中，她了解到家政服务行业有广阔的市场需求和良好的发展前景，开始思考如何用积累到的知识和经验，帮助更多的吕梁山姐妹走出大山。

2017年，马金莲回到吕梁，注册成立了自己的家政服务有限公司。同年，在北京理工大学、北京航空航天大学等高校建起吕梁山护工就业服务部。

2018年，马金莲积极响应山西省委、省政府"人人持证、技能社会"的号召，在家政公司的基础上创办了一家职业培训学校。

为进一步扩大吕梁山护工在北京的就业市场，搞好就业护工跟踪服务工作，2019年5月，在吕梁市方山县政府的支持帮助下，马金莲

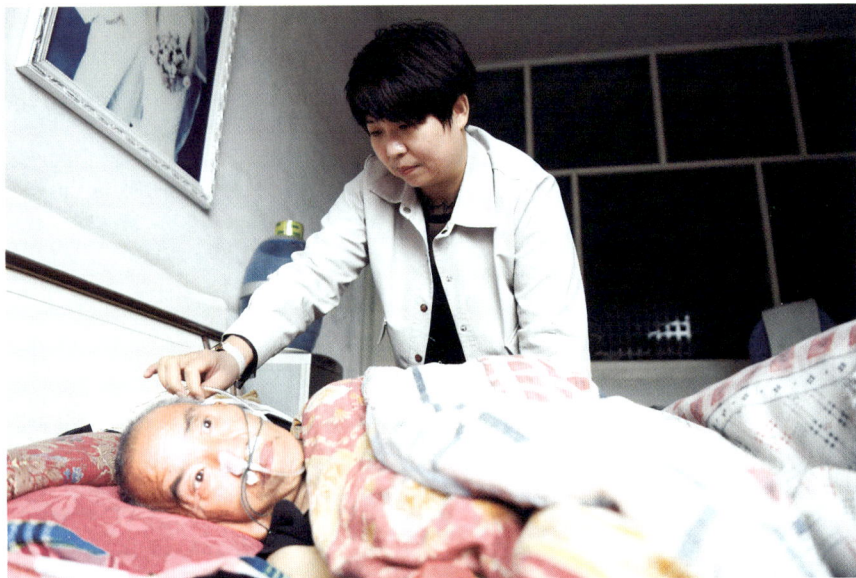

2020年10月，吕梁山护工的娘家人——马金莲正在护理生病的老人

与北京理工大学达成长期合作协议，设立吕梁山护工北京理工大学就业服务处，为吕梁山护工走进大学校园就业建立了服务平台。

如今，马金莲已经成为吕梁的创业名人，也成为吕梁山护工走出去的榜样。吕梁市人社局局长说："吕梁山护工发展到现在，涌现出很多像马金莲这样的典型代表。她们有的成了月收入上万的金牌月嫂，有的创办家政公司帮助更多贫困的家庭脱贫致富，有的成为省人大代表，有的成了省劳模、全国劳模……"

技能社会　人人持证各展其能

2020 年，以"人人持证、技能社会"为目标的全民技能提升工程被列入山西省政府"十件民生实事之一"，在山西省再次掀起了职业技能提升的高潮。

政策举措

自 2018 年以来，山西省政府连续 5 年把"人人持证、技能社会"建设列为"民生实事"。

2021 年，《山西省新发展阶段"人人持证、技能社会"建设提质增效工作方案》发布，擘画了"人人持证、技能社会"建设目标："十四五"末，全省持证人员总量达到 1100 万人以上，占从业人员的 55％以上；到 2035 年，全民能力素质普遍提升，从业人员基本实现"人人持证"，山西实现"技能社会"。

2020 年 8 月，太原市百万职工聚焦"六新"助力转型职业技能竞赛暨 2020 太原市烹饪餐饮业职业技能竞赛开赛

数字成果

作为一项战略工程、民生工程、德政工程，"人人持证、技能社会"建设自 2018 年实施以来，山西省广泛开展多层次职业技能培训，累计培训 560 万人次。截至 2021 年末，全省技能人才总量为 500 万人，新增 214 万人。

幸福故事

家庭主妇变身保健按摩师

40 岁的郭雅俊，家住太原市晋源区晋祠镇王郭村，初中学历，嫁人后一直做家庭主妇将近 20 年。如今，孩子大了在外闯荡，丈夫也有自己的工作，她就想找点事做。可围着丈夫、孩子、锅台转了多年的郭雅俊"啥也不会"，不知道自己能干点啥。

2020年10月下旬，郭雅俊通过村里广播得知，晋源区人社局为村民提供免费技能提升培训，培训合格即可持证上岗就业，她立马去广播室证实消息。此时，培训承办机构也在现场，工作人员细心为她讲解了培训细则，听完后郭雅俊选择了她一直想要学的保健按摩。"既能学习技能，稳定就业，还能给家里老人、小孩进行保健，一举两得。"她高兴地说。

培训既包含保健按摩理论知识和实操练习，又结合日常生活中一些保健问题对症处理。培训结束后，郭雅俊通过结业考试，顺利入职老兵按摩中心，每月工资3500元，并签订了劳动合同。

相比以前待在家里，每天充实的工作让郭雅俊找到了自身价值，同时还能挣钱补贴家用。"在单位，每天跟着专业老师，能学到更多的新知识并用于自己和家人，我挺有成就感的。家人身体出了什么小问题，也可以提前预防、注意保养，连婆婆都夸我专业。"她说，"以后有机会再考个职业技能证书，我要更上一层楼。"

拿上技师证每月多挣200元

2020年12月17日，位于山西综改示范区太原唐槐园区的山西潇河建筑产业有限公司一片繁忙。刚刚通过焊工技师考试的李晋朋处理完手中的焊接活，舒展了一下身体。"能通过技师考试我特别开心，一方面是对我职业技能的认可，另一方面拿到技师证，公司每月多给200元工资，还能申请相关补贴，这是实实在在的好处。"李晋朋笑着说，"公司特别注重对员工的培训，再努力几年，考个高级技师，工资还会继续涨。"

说起这次考证经历，李晋朋感慨颇多。2020年8月，太原市首届"人人持证、技能社会"职业技能大赛开赛，获奖选手能获得技师称号，还有相应补贴。自认为技术"不含糊"的李晋朋报名参赛，"来到比赛现场，才发现人外有人、山外有山"。李晋朋虽然在比赛中没有取得理想的名次，但他发现了自己的短板。"11月，公司举办焊接技师技能培训，我第一时间报了名。先在山西机械高级技工学校进行了为期7天的脱产培训，又在单位车间不间断进行实操培训，收获特别大。"李晋朋回忆说。

企业是高技能人才的培养地、成长地、成才地。山西不断加大企业在岗职工培训力度，2018年、2019年每年培训40万人次。

一条致富路在更多人脚下铺就

技能人才，既是创业创新大军，更是高质量转型发展的支撑。山西省委、省政府明确提出，要实施技能富民战略，深入推进"人人持证、技能社会"基础型战略工程。2020年是"人人持证、技能社会"的提质增效年，山西进一步强化产教融合、供需对接，实行"订单式""菜单式"培训，以考证持证为基本指标，以就业率和增收率检验培训成效。

"来西山煤电集团职工总医院实习的这批学员就是'订单式'培养的护工。"护工讲师奥美琴介绍说。"订单"来自山西省卫健部门，为期25天，内容主要包括病患护理和母婴护理。考试合格后，将颁发山西省卫健委《护工证》并安排就业。2020年12月20日，学员们参加了山西省卫健委组织的考试，大家基本通过了，就等着上岗。

围绕"订单式""菜单式"培训，2020年山西首批公布了272个职业技能培训职业工种目录和364家培训机构目录。企业用人点"菜"，政府培训买单日渐增多，"菜单式"培训超过15万人次。

作为全国脱贫攻坚的主战场，山西又创造性地把"人人持证、技

2020 年 8 月，在太原市举行的一场餐饮技能比赛上，果酱师刘旭峰在餐盘上展示果酱画的魅力

能社会"全民技能提升工程贯穿于脱贫攻坚、全面小康、乡村振兴全过程，通过建档立卡、精准培训、考核评价、发放证书、安置就业"一条龙"服务，打造山西特色劳务品牌 94 个，成了贫困群众脱贫致富的"金名片"。一技傍身，一证在手，一条致富路在更多人脚下铺就。

收入增加　百姓生活更殷实

"十三五"时期，山西农村居民人均可支配收入跃上万元台阶，增速赶超全国，城镇居民人均可支配收入突破 3 万元……

一组组不平凡的数字，是山西百姓收入稳步增长、生活质量显著提高的生动注脚。

穿衣讲究有品质，入口食品要健康，改善住房配套齐，出门代步有汽车……百姓钱袋子越来越鼓，民生保障网不断织牢，城乡居民收入差距不断缩小，消费水平和质量持续提高，山西百姓生活更加殷实。

政策举措

从 1979 年开始，山西省恢复了奖金和计件工资制度。

1985 年，山西省部分工业企业实行工资总额同经济效益挂钩的办法，企业和机关事业单位实行不同的工资制度。

1989—2002 年，山西省先后对工资总额、弹性工资、最低工资保障、工资指导线、工资集体协商等内容制定了一系列制度和政策。

1995 年，山西省人民政府颁布的《山西省企业最低工资暂行规定》

开始实行。本规定所称最低工资，是指劳动者在法定工作时间内提供了正常劳动的前提下，用人单位应支付的最低劳动报酬，以保障劳动者及其家庭成员的基本生活。

五寨县依托独特的自然资源和"中国甜糯玉米之乡"的品牌优势，大力发展甜糯玉米有机种植，产品远销欧美、韩国等地

人民的生活品质不断提升，有了更多的休闲时光，图为2017年7月，山西省长治市沁源县花坡，游客们被眼前美景震撼

1997 年，山西省劳动厅印发《山西省企业工资指导线试行办法》。

1997—2007 年，山西省 6 次提高最低工资标准。

2007 年以后，山西省几乎每年都发布工资增长指导线，提高地区最低工资标准。

2020 年，山西省月最低工资标准一类至四类地区分别为：1700 元、1600 元、1500 元、1400 元。

2021 年，《山西省人民政府办公厅关于调整我省最低工资标准的通知》下发，全省最低工资标准由现行的 4 档调整为 3 档，全日制用工调整为一类 1880 元、二类 1760 元、三类 1630 元。

数字成果

改革开放 40 多年来，山西省在岗职工工资收入保持了较快的增速。1978 年，全省城镇非私营单位在岗职工年平均工资为 632 元。

2018 年 9 月，运城市夏县菊花丰收，人们忙着采摘

2017 年，全省城镇非私营单位在岗职工年平均工资为 61547 元，山西省私营单位年平均工资 31745 元。

2020 年，山西省城镇非私营单位就业人员年平均工资为 77364 元，山西省城镇私营单位就业人员年平均工资为 42905 元。

2021 年，山西省城乡居民人均可支配收入持续稳定增长，人均可支配收入 27426 元，比上年增加 2212 元，增长 8.8%；与 2019 年相比，两年平均增长 7.3%。其中，城镇居民人均可支配收入 37433 元，比上年增加 2640 元。

2021 年，山西省农村居民人均可支配收入同比增长 10.3%，高于城镇居民人均可支配收入增速 2.7 个百分点。城乡居民收入比为 2.45 ：1，比 2019 年缩小 0.14、比 2020 年缩小 0.06。山西城乡收入比呈连续缩小态势。

幸福故事

光伏扶贫产业　照亮群众小康路

2018 年 12 月 4 日，运城市芮城县学张乡境内，漫山遍野的光伏板有序地排列在坡上，山体活像是一只穿了铠甲的巨兽，加之阴天，看上去仿佛科幻片中的场景，蔚为壮观。

2015 年，国家能源局推出了"光伏领跑者计划"，山西芮城县在 2016 年 6 月 3 日获得了国家能源局批复，成为全国 8 个光伏领跑技术基地中唯一县级获批项目，项目总投资 88 亿元。

芮城县北缘的中条山，南侧光照丰富但却是秃山荒坡，土层贫瘠，"种啥也活不了"，当地农民祖祖辈辈靠天吃饭，也祖祖辈辈挨饿受穷。

有了光伏基地，这里的农民增加了三项较为稳定的收入：其一，

芮城县学张乡境内的光伏基地

将土地流转给光伏企业，获得土地流转费用；其二，光伏基地采用"农林光互补"的用地模式，光伏板的下面种植油牡丹、连翘，农民可以通过种植管理来获得收入；其三，管理维护光伏板的收入。

芮城光伏项目启动以来，优先让贫困户入场作业，以实现贫困户脱贫的目标。古魏镇王夭村的刘铁虎家在光伏项目中受益甚多，最为典型。刘铁虎双亲已 90 岁高龄，且母亲和妻子卧病在床，两个儿子外出打工，家中 20 亩旱地全靠他一人耕种。他把家中 17 亩土地流转给光伏项目后，父子三人又加入项目建设中，短短 6 个月挣了 10 万元，盖了新房，买了新车，喜悦的笑容掩也掩不住。

光伏领跑技术基地项目为芮城财政增加收入 1.5 亿元，为沿中条山农民年增收 2600 万余元，带动农民脱贫致富。

2020 年，山西省 11 个市的 58 个贫困县和 17 个非贫困县都有了光伏扶贫项目，其中 35 个国定贫困县、贫困村实现光伏扶贫收益全覆盖，贫困村集体经济年均增收 20 万元以上。

辛班云是吕梁市石楼县龙交乡寨子上村的贫困户，提起光伏扶贫带来的益处，他喜上眉梢：凭借懂会计、会电脑的优势，他成了村里光伏电站的"专员"；妻子张金娥被聘为村里的信息报送员，夫妻俩仅公益性岗位工资补贴每月就有 1900 元。

这样的事例还有很多很多……

到 2020 年底，山西省光伏扶贫电站累计发电收益 37.36 亿元，带动 9963 个村（贫困村 6602 个、非贫困村 3361 个）集体经济年均增收 20 万元以上，贫困户参与公益性岗位得薪金、参与小型公益事业挣现金、文明敬老获奖金、特殊困难领取救助金，累计 72 万贫困户受益。

光伏扶贫项目是脱贫攻坚为贫困村集体经济留下的优质资产，加强光伏扶贫项目资产的运营、维护和管理，确保这些项目持续发挥效益，对巩固和拓展脱贫攻坚成果意义重大。

一排排蓝色的光伏板，让以往无人问津的荒山荒坡成为助力脱贫增收的金山银山，光伏扶贫蹚出了一条资产收益扶贫新路。

"小黄花大产业" 绘出乡村振兴美丽图景

老白原先在大同市云州区大坊城村住了大半辈子土窑洞，搬到大同市云州区西坪镇坊城新村后住上了瓦房，生活发生了大变样。如今，靠着土地流转和在村里当保洁员，老白夫妻每年能有 4 万多元的收入。儿子通过参加村里的技能培训，掌握了电焊技术，一年收入七八万元。"现在我们全家人收入也稳定,这日子真是像总书记说的越过越好！"老白分享着他的喜悦。

坊城新村是原大坊城村和西咀村的 210 户村民从世代居住的坡梁薄地、盐碱地上的土窑洞陆续搬迁来而建的新农村。该村投入扶贫专项资金，利用村民流转土地发展起了黄花产业，为当地脱贫致富带来新出路。黄花产业园园区负责人介绍："园区 4 条生产线分别为黄花酱生产线、黄花酱菜生产线、黄花代餐粉加工线和黄花饼生产线。项目投产后，年产值可达 6000 万元，加上黄花干菜和小杂粮大宗交易及线上销售，预计明年产值上亿元。"与此同时，产业链也在不断延长，冰鲜、食品、美容等九大类 120 多种黄花产品相继"出笼"，黄花酱、黄花面膜等深受市场欢迎。

通过开展黄花特色产业、技能培训等措施，该村当年就实现了整村脱贫，乡亲们的生活发生了巨大变化。加上各种扶贫政策收益，村民目前都有了稳定的收入来源，为农民巩固脱贫成果、持续增收致富提供了有力的保障。

贫困户逆袭为"脱贫示范户"

杨庆峰，长治市沁县新店镇蒲沟村一位身残志坚的村民，凭着一股吃得苦、耐得烦的劲头，他闯出一条育苗种菜的致富路，从被帮扶对象成为能帮助别人的"领头雁"，从贫困户变成了"脱贫示范户"。

23 岁时，杨庆峰不幸得了"股骨头坏死"，每年光医药费就得花 4 万多元，家里唯一的经济来源就是几亩地，日子过得紧巴巴，经常入不敷出。杨庆峰十分要强，每天拄着拐杖下地种玉米，每年能收入两万多元。但是，这点钱对于欠下的巨额外债来说，实在是杯水车薪。

2014 年，在精准扶贫过程中，蒲沟村村两委把杨庆峰家确定为建档立卡贫困户。在三级帮扶人的引导和关心下，杨庆峰夫妻二人尝试在自家小院小规模种植蔬菜，培育、售卖蔬菜苗。2018 年，杨庆峰参加沁县扶贫办组织的种植技术培训，回村后，他发展了两个蔬菜大棚，把全部心思放到育苗种菜上，每天早上 6 点就开始工作，打理完大棚的蔬菜，还要去地里忙活。渐渐地，他成了当地的"种菜达人"。

2020 年，杨庆峰还清了欠下的外债，并且还有了盈余。小日子过得红红火火，两个孩子乖巧懂事，全家人脸上都有了幸福的笑容。

现在的杨庆峰，凭借自己的蔬菜事业铺就了脱贫致富路，住房也享受上了国家的好政策，从土窑洞搬迁到了新店镇新鑫移民小区。

正所谓"吃水不忘挖井人，脱贫不忘感党恩"，脱贫后的杨庆峰没事就跟村民分享经验，无偿传授育苗技术，激发大家育苗种菜的积极性，他希望和乡亲们一起增收致富。

整村脱贫　贫困村旧貌换新颜

说起太原市阳曲县杨兴乡水头村的变化，村民们个个喜笑颜开。

在 2014 年开展建档立卡、精准帮扶时，全村 236 户有 128 户被识别为贫困户，贫困发生率高达 54%。如今的水头村实现了整村脱贫。"不光是种地的收入，现在村里还有光伏分红，设立着 8 种公益性岗位，每个月又增加了 600 元收入。""村里还有集体的牛场，年底每人每年有 100 元的分红。"村民们争先恐后地说着村庄变化及年年递增的收入。

已经脱贫的石先荣仍将"精准帮扶户"的牌子挂在大门口，他说这块牌子能时刻提醒他不忘党和政府的帮扶。"作为精准帮扶户，我们享受了很多好的政策，老伴张粉仙左腿骨折后住院，花了近 2 万元的住院费，我们自费的部分只有 1400 元。孙子上学还有教育补贴。"石先荣说，在好政策的帮助下，他一年下来的收入有 3 万余元。

在水头村党群服务中心，有一间"爱心超市"，里面近百件生活用品都是帮扶单位筹集资金购买或者爱心企业捐赠的，可以用积分兑换。驻村工作队从社会公德、家庭美德、内生动力、配合工作等方面，制定了详细分值和兑换办法。爱心超市的设立，提升了村民的精神面貌，弘扬了中华美德，更增加了村民们的向心力、凝聚力。

村干部带着村民们使用智能手机，每天在 App 上坚持学习，让村民们开阔眼界、增长知识。

杨兴乡党委书记说，展望"十四五"，村里要紧紧围绕"守红色初心、担绿色使命、树振兴标杆、建大美杨兴"的奋斗目标，从红色、绿色、白色、黄色四种色调和打造五大功能区来推进乡村振兴。

家园美收入增 村民获得感强了

"生产线上走一遭，小果变成黄梨膏。果农鼓了钱袋子，精深加工成链条！"在晋城市高平市梨缘香合作社的黄梨膏生产车间里，村民郭东梅朗诵起自己写的诗，她说，"每天挣100多块钱，我这个年纪，不错啦！"

郭东梅的喜悦，是无数当地村民的真实感受。黄梨膏初加工、深加工、销售一体的产业链，不仅拓宽了路子、新创了牌子，还带动了农村富余劳动力就近就业。2021年的收获季，短短几个月中合作社社员就户均增收3500元，周边农民得到装卸、运输等季节性工作机会300余个，实现了助农增收。收入是民生之源，提升人民群众获得感，最直接的就是实实在在的收入增长。

仲夏的三晋大地，草木葱茏，百花盛开。阳泉市甘泉井村的道路旁，一排排新房美成一幅画，笑容绽放在村民脸上。65岁的杜计锁是这里的村民，他说："搬进新房很满意，大家都住得舒服，以前的房子太破旧了，几口人挤在一起很不方便。"现在，新房污水处理、管道燃气等基础设施齐全，全村人步入现代城镇生活。

事实上，随着山西省农民收入的增加，农村居住环境不断优化。通公路、通电、通电话、通有线电视，农村地区"四通"覆盖面不断扩大。如今，农民普遍住安全房、喝干净水、走平坦路，一幅家园美、田园美、生态美、生活美的宜居乡村画卷铺展开来。

晋中市左权县麻田镇泽城村的民宿老板高永华很满足，他说："在家门口工作，不仅收入提高了，还能照顾老人孩子，我觉得很幸福！"近年来，左权民歌汇的势头正盛，吸引了一批投资，此前在外打工的年轻人得以回老家工作。现在，当地通过农家乐及民宿客栈建设带动农户 846 户 2508 人脱贫，人均增收 2200 余元。

随着农村就业创业支持力度不断加大，农民收入结构更优化，城乡居民收入差距进一步缩小。

收入多了　百姓生活品质提升了

"我在黄山，你在哪里？""50 后"太原市民张女士在朋友圈晒出视频。随着"小火车"缓缓下行，穿越重重云雾，行在若隐若现的山峰之间，张女士陶醉其中。

游览尽兴，张女士回到自己在黄山脚下的家——一套 37 平方米的旅居公寓。"在太原有一套 160 多平方米的改善房，退休后就想到处走走。因为喜欢爬山，几年前，我在黄山附近买了一套小公寓，方便常来。"张女士享受着悠闲的退休生活。

收入增长，消费升级。人们的居住环境也由"拥挤、简陋"向"宽敞、舒适"发展。越来越多的人开始追求个性化、品质化的生活，旅游消费成为新的消费热点。这得益于百姓钱包的"丰满"。

早上离家，地面清扫交给扫地机器人；人在办公室，遥控家里电饭煲煮饭，下班享用美食……作为一名装修设计师，王君有一个明显的感觉，现在对智能家居感兴趣的屋主越来越多了，人们希望在预算范围内尽可能实现家居智能化的舒适体验，提升生活品质。

这样的例子还有很多……

的确，从八大类消费支出占人均消费支出的比重来看，"十三五"时期，山西城镇居民消费呈现"档次升级、整体优化"的发展特点，消费水平不断提升。

"我省经济发展韧性足、潜力大，居民收入增长有坚实支撑。"山西省社科院研究员表示，富裕起来的山西百姓，将会拥有更加祥和的生活环境、稳定安全的社会环境，"钱袋子"越来越鼓。

　　党的初心就是为人民谋幸福、为民族谋复兴，厚植百姓福祉。站在"两个一百年"奋斗目标的历史交汇点上，展望未来，山西百姓的生活将更美好。

医疗健康篇

　　山西省作为中部欠发达省份，在全民奔健康的路上奋力向前，屡创佳绩。中华人民共和国成立以来，山西省全面贯彻党的卫生健康工作方针政策，用较少的投入取得了较高的健康绩效。

　　改革开放以后，山西各级党委、政府高度重视医药卫生事业发展，支持和推进医药卫生体制改革。针对卫生资源严重短缺导致的看病难、住院难、手术难问题，鼓励多渠道筹资，逐步形成了公有制为主体，多种形式、多种渠道办医的新格局。医疗机构通过一系列激励措施，调动医务人员的积极性，使全省医疗服务规模、条件、水平和能力有了明显改善，医疗卫生服务供给大幅度增加，有效缓解了群众看病难、看病贵的问题。

　　党的十八大以来，山西省卫生健康事业步入发展的快车道，医疗卫生体系不断健全完善，山西一手抓医疗高峰建设、一手抓基层网底巩固，构建起"横向到边百花齐放、纵向到底覆盖城乡"的全省医疗卫生服务新格局，整体提升全省医疗卫生服务水平。

　　梦想拥抱时代，奋斗赢得未来。山西正围绕建设"健康山西"，不断满足全省群众健康需求、增进健康福祉、提高健康水平的目标，奋力谱写山西卫生健康事业高质量发展的新篇章。

母婴安全　提高出生人口素质

　　每个家庭都梦想拥有健康、聪明的孩子，每个孩子都是家庭的希望和未来，降低出生缺陷、提高出生人口素质事关千家万户的幸福，事关国家和民族的未来。为把好人生健康第一关，近年来，山西省推出多项重要举措，在保障妇幼健康、防治出生缺陷等方面取得了很好的成效。

政策举措

　　1997 年开始实施的 "削峰工程"，2002 年实施的中西部地区出生人口缺陷防治项目，2009 年开始实施的农村妇女"两癌"检查项目、农村孕产妇住院分娩补助项目、增补叶酸预防出生缺陷项目等都在很大程度上减少了孕产妇及新生儿的死亡率，降低了全省出生缺陷率。

　　2017 年以来，山西省先后将为怀孕妇女提供免费产前筛查与诊断服务、为重点帮扶县农村妇女免费提供"两癌"检查服务、实施免费婚前医学检查等纳入省政府民生实事。同时，扎实推行母婴安全五项制度，即妊娠风险筛查与评估、高危孕产妇专案管理、危急重症救

2021 年 5 月，太原市迎泽区政务服务中心，一对新人登记结婚

治、孕产妇死亡个案报告和约谈通报制度，组织实施母婴安全行动计划和健康儿童行动计划，全力保障母婴安全。

数字成果

2017—2021 年，山西累计完成产前筛查 1323840 人，占孕妇总数的 93%。累计筛查出高风险孕妇 94638 人，平均高风险率为 7.15%；高风险孕妇的平均转诊率为 89.76%（由 2017 年的 78.52% 提高到 2021 年的 96.15%），平均产前诊断率为 76.12%（由 2017 年的 53.61% 提高到 2021 年的 88.38%）。全省累计确诊出生缺陷儿 1462 人，均及时进行了干预。

2017—2021 年 9 月以来，山西共完成农村妇女宫颈癌检查 166.9 万人、乳腺癌检查 167.4 万人，对检出有病变的均实施了早期干预和治疗。

2020—2021 年，山西累计结婚登记人数 377242 对，累计完成免费婚检 307667 对，全省婚检率由 2019 年的 5.9%，提高到 2021 年的 90.54%；累计检出疾病 91427 人次，平均疾病检出率为 14.86%。

幸福故事

免费婚检，为幸福婚姻把好第一道关口

"您好，请问您要办什么？" 2021 年 1 月 4 日下午，在太原市杏花岭区民政局婚姻登记处，但凡来领结婚证的，门口的保安师傅都会边说边引导大家到旁边的登记台做登记。

"这是要干什么呀？" 看到登记台前坐着的是一位身着工装的护士，刚进来的刘霞和路鸣一脸的疑惑。

"政府有一项惠民举措，凡是准备登记结婚的，男女双方都可免费享受一次婚前检查。" 护士说着，指了指旁边的宣传展架，"相关的政策、体检的项目都在这上面呢，您可以先看看。"

"这得多少钱呢？" 刘霞推了推身边的路鸣，小声地嘀咕着，"不可能是免费的吧？"

"这是政府推出的惠民实事，不用个人出钱，您只管配合医生做检查就可以了。" 护士解释道。

"真的是免费的呀？" 刘霞还是有些不太相信。

"两个人的检查费用是 300 元，包含血尿常规、肝功能、艾滋病毒、梅毒抗体、乙肝表面抗原、胸透、女性分泌物、男性生殖系统等 14 项检查，全部由政府买单，而且是实行自愿原则。" 听到护士再一次肯定的回答，刘霞笑着把头扭向路鸣："没想到，现在政策这么

好，那咱一定得好好配合，把该做的检查都做了。"

在护士的指导下，刘霞和路鸣各自完善了个人相关信息，然后测血压、抽血，再进入旁边的诊室，配合医生做进一步的问诊、查体等检查。诊室地方虽然不大，却设置了男、女两个诊室，还根据性别特点配备了不同的诊疗床、诊疗器械以及一男一女两个医生。

主检医生周涛介绍，早在 2019 年底，山西省卫生健康委员会就组织全省各级相关医疗机构工作人员进行了专业的培训、学习、调研，也了解了一些比较成熟、可行的政策落地模式。太原市杏花岭区就是借鉴了长治市的做法，把免费婚检的诊室直接搬进了婚姻登记处，不管是宣传还是推广、实施，都非常精准地选定了目标人群，然后从方便群众的角度，克服一切困难，给大家提供一站式服务。

周涛介绍，2020 年 3 月 23 日到 12 月 31 日，在该婚姻登记处登记结婚的总共有 3330 对新人，享受了一站式婚前体检的有 2780 对，婚检率达到 83%，"这还不包含去我们主院区和其他医院做体检的，

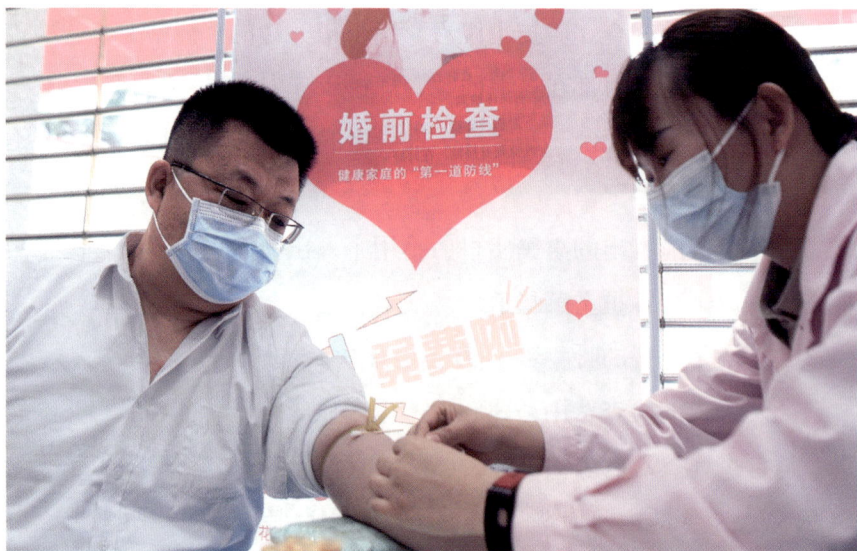

2021 年 1 月，太原市杏花岭区婚姻登记处医护人员正在给前来婚检的新人检查

实际的婚检率应该会更高一些。"

"还记得有一对年轻人怀着万分激动的心情前来做婚检，结果男方检出乙肝大三阳。当我们的男医生告知他结果时，他紧张得面色发白，低头一言不发，揉搓着衣角，几秒钟后又突然抬头接连发问：'医生，我的这个病严重吗？能治好吗？影响结婚吗？我和女朋友好不容易走到结婚这一步，我该怎么办？'"回忆起当时的情景，周涛记忆犹新。在医生的安抚下，这名男同志平复了情绪，并主动告知女方实际情况。"第二天，两个人都来了，我们专门给他们做了宣教指导，并告知男方积极到上级医院进行乙肝的全面检查，判断肝脏受损程度、体内病毒含量多少等，告知双方性生活最好戴安全套，健康的一方要到医院注射乙肝疫苗，以产生保护性抗体，防止感染。日常生活中养成良好的生活习惯，不抽烟、不喝酒、不熬夜，饮食以清淡为主，做好日常的养肝工作。这些措施都做到位再结婚比较安全。听了医生的指导建议，双方也积极配合去复查治疗。后来婚检医师进行跟踪随访，男生说他听医生的话，措施到位，做好防护，积极配合治疗，体内乙肝表面抗原已经转阴，肝功能恢复正常。现在两人已经步入婚姻的殿堂。"

像这样的小故事婚检中心几乎每天都在发生，在婚检中检查出各种性病、传染病、遗传病的非常多，很多人在做婚检前都不知道自己得了这些疾病。如果有这些疾病的男女在毫不知情的情况下结婚，将会给结婚对象、下一代造成很大的伤害。通过婚检发现后，只要及时、科学地治疗，这些疾病是可以治好的。还有一些有遗传病家族史的，医生也会在婚检时给予分析，提出科学的指导意见。

免费产检，助力生育健康宝宝

2017年11月7日上午，太原市妇幼保健院产科门诊挤满了前来产检的准妈妈，接诊护士不停地给每一位初次产检的准妈妈讲解政府推出的"免费产前筛查与诊断"这一惠民新政，并发放相关资料。

　　主管检验师梁娜介绍说，产前筛查并不是一个新概念，该院从2007年开始就一直在做。不同的是，过去是收费的，每人每次300元，现在政府给医院补贴，医院免费为孕妇筛查。过去服务的人群只局限于到该院做产检的孕妇，现在他们承担了太原市万柏林区、尖草坪区、迎泽区、清徐县、娄烦县、古交市6个区（县、市）怀孕妇女的产前筛查工作。梁娜说，过去他们医院每个月做产前筛查的有300人左右，现在每个月都在1500人左右。

　　作为检验师，她希望每个送检标本都正常，每个家庭都能生出健康的宝宝，大家对筛查结果也有一个科学认知。

　　山西省妇幼保健院产前诊断中心主任介绍，以前在门诊上，经常有孕妇对产前筛查和产前诊断搞不清楚，觉得只要筛查没问题，就万事大吉了。"经过几年的宣传，筛查结果为低风险的准父母也逐渐懂得不能掉以轻心，该做的其他常规产前检查也要按规定、按时间去做，避免宝宝在孕期出现其他意外。"

2017年11月，太原市妇幼保健院，医护人员正向就诊市民宣传、讲解免费产前筛查的相关惠民政策

医疗同质　有效缓解看病难、看病贵

近年来，山西省委、省政府紧紧围绕分级诊疗制度建设重点发力，率先推行县域医疗卫生一体化改革，构建"管理一体、医疗同质、医防融合、能力提升、便捷高效"的县域医疗卫生服务新体系，卫生资源配置状况持续改善，基层医疗卫生服务能力和水平显著提升，群众看病难、看病贵问题得到有效缓解。

政策举措

2016 年，山西省晋城市高平市作为山西省县乡医疗卫生机构一体化改革试点，按照"城乡一体、三医联动"改革思路，以高平市人民医院为龙头，在全省率先成立医疗集团，建立"六统一"管理新机制。

2017 年，山西在全省推行"医疗集团 +"一体化改革模式，即整合县域医疗卫生资源，组建独立法人医疗集团，向上加一个三级综合医院和一至两个三级专科医院牵头的医联体和专科联盟，提升医疗集团的整体医疗服务能力。

2020 年，《中共山西省委办公厅、山西省人民政府办公厅关于进一步深化县域医疗卫生一体化改革的实施意见》发布，明确深化改革举措。省人大颁布了《山西省保障和促进县域医疗卫生一体化办法》，为依法推动县域综合医改提供坚强法治保障，标志着医共体建设试点省工作取得重大突破。

2022年，山西省积极推动县级医疗集团"5G+远程医疗"试点建设，选取晋城市高平市、运城市盐湖区、太原市阳曲县、吕梁市孝义市、运城市万荣县5个县（市、区）医疗集团作为试点，依托"5G+"技术上接三级医院、下联乡镇卫生院，开展"5G+医疗"应用探索。

数字成果

截至2021年底，山西省组建三级医院牵头的医联体60多个、省级专科联盟40个、帮扶县级医院166所，县级医疗集团全部开通远

2011年10月，山西医科大学第一医院组织医护人员在太原市万柏林区纺织苑社区义诊，老百姓在家门口就能享受省级专家的看诊服务

2020 年 11 月，晋中市寿阳县医疗集团与解放军总医院进行远程会诊

程诊疗。

山西省采取县域招聘一批、上级派驻一批、调剂补充一批、巡回医疗一批的"四个一批"村医补充办法，补充村医 6205 人。

2010 年至今，山西省为乡镇卫生院招收医学本科生 3100 余名，为村卫生室招收农村医学中专生 4800 余名。

山西省连续提高城乡居民医保人均财政补助标准和个人缴费标准，到 2021 年底，分别达到 580 元、320 元，住院平均报销比例超过75%，群众医保待遇水平不断提升；将"两病"（高血压、糖尿病）门诊用药纳入医保范围，逐步实现常见病、多发病在二级、三级医院"同病同价"，184 万人享受"两病"门诊待遇，减轻患者负担约 6.3 亿元。

党的十八大到 2022 年，全省累计投入 70.13 亿元，改扩建乡镇卫生院 1100 余所，新建、改扩建村卫生室近 2 万所，采购设备 27.4万台件；建设 1127 个基层中医馆，新建 72 个中医特色专科。

幸福故事

家门口看病 少花钱少跑路还能治好病

2016 年 4 月，晋城市高平市打破了体制的藩篱，在全省率先组建了以市人民医院为龙头、乡镇卫生院为支撑的一体化、紧密型的市人民医院集团，整合市人民医院、16 个乡镇卫生院和 446 个村卫生室三级资源，形成县乡村一体、三级联动的基层医疗卫生服务新体系。集团对市人民医院和 16 个分院实行行政、人员、资金、业务、绩效、药械"六统一"管理；集团委托分院对所属村卫生室实行聘用、考核、工资、药品、设备"五统一"管理。乡镇卫生院以前由高平市卫生和计划生育局管理，现在全部归医疗集团统一管理，两家合并成了一家，变成了利益共同体、责任共同体和发展共同体，形成责任一体化、发展一体化、利益一体化的管理新格局。

高平市人民医院集团理事长介绍，集团业务统一管理后，实现了同病同治。推行 II 型糖尿病、短暂性脑出血发作、反流性食管炎等 10 个病种的临床路径管理，明确治疗流程，上下统一标准，实行表单式管理，规范了医疗服务。同时，根据各分院的功能定位和技术特点，初步建成了南城儿科特色分院、建宁乡老年病特色分院，让患者以卫生院收费标准，享受到市级医院的医疗服务，实现了"少花钱，少跑路，治好病"。

78 岁的张红昌老人得了脑血栓，每年都要住院进行调理。"以前我在市里住院得花 3000 多元，报销完也得花 1000 多元，加上来回车费、吃住，又得几百元。现在回到乡里看病，医生还是那个医生，住院费只需 2000 元，自己只花 200 多元，划算多了。"老人说道。张红昌的老伴儿紧接着说："不光是看病更省钱了，现在做检查也方便了。"

高平市人民医院集团成立后，人民医院和乡镇卫生院成了"一家人"，病人去哪看病都一样。医护人员的工资收入也比以前增加了，病人看病离家更近了、花费更少了，真是一举多得。

在家门口花了 268 元救回一条命

2018 年 11 月 9 日，是运城市盐湖区人民医院中医科主任王建设在冯村乡卫生院出诊的日子。

"你现在血压还是有些高，要多注意身体状况，如果有不舒服一定要及时看医生……" 52 岁的中阳村村民程翠萍一边认真听着王建设的叮嘱，一边频频点头。谁能想到，就在几个月前，她还是一个在生死线上挣扎的病人。

2018 年 4 月 22 日，她突发脑出血，家人紧急送她到外地医院救治，经过十几天的治疗，看着高额的医药费用和依然昏迷不醒的程翠萍，家人无奈做了最坏的打算，将她送到了乡卫生院。适逢王建设定点出诊，经过精心治疗和乡卫生院医护人员的照料，程翠萍很快就恢复了健康。

"家门口就守着区医院的好医生，在乡里住了一个多月的医院，医药费总共是 5576 元，可我自己只付了 268 元，就救回了我一条命。" 程翠萍说。

程翠萍的就诊故事并非个例，这都得益于运城市盐湖区近年来开展的县乡医疗机构一体化建设。2017 年 2 月，盐湖区被确定为山西首批县乡医疗机构一体化改革试点，盐湖区坚持政府主导、统筹规划，成立医疗集团管委会，履行政府办医职能，将卫计、财政、发改、人社、编办等部门办医职责收归，负责医疗集团发展规划、章程制定、重大项目实施、财政投入、医疗集团院长选聘、运行监管、绩效考核等重大决策。按照管办分离原则，卫计部门转变职责，主抓绩效考核，规范医疗行为，实现了卫生计生行政部门的"职权"与集团总院运行的"事权"相分离。区人民医院负责基本医疗服务及急危重症病人的抢救，并承担对乡镇卫生院、村卫生室的业务技术指导和卫生技术人员的进修培训；乡镇卫生院负责基本公共卫生和常见病、多发病的诊疗等综合服务，并承担对村卫生室的业务管理和技术指导；村卫生室承担本辖区的公共卫生服务及一般疾病的诊治等工作。通过区、乡、村三级联动，人、财、物统一管理，推动优质医疗资源下沉。

"优质医疗资源的下沉，让基层老百姓在家门口就能享受到同质化、均衡化的医疗服务，既方便了村民，又能为村民节省很大一部分医疗费用，让基层百姓实实在在享受到'一体化'改革带来的好处。"王建设说。

"互联网+"助力 基层百姓看病更方便

2018年，刘国富因头晕、肢体活动受限住到了太原市阳曲县侯村乡卫生院。卫生院与县医疗集团内科联系，进行远程会诊，并向集团影像中心、心电中心、检验中心发出检查申请，检查项目主要有肝功能、肾功能、血脂、血糖、心电图、胸部影像。入院第二天，患者就收到各项检查结果，结合病情诊断为眩晕综合征、脑梗死后遗症。

"我在家门口就享受到了县医院专家的诊治，而诊疗费用却是乡镇卫生院的标准，真正体现了信息化带来的好处，'信息多跑路，百姓少跑腿'。"刘国富说。

64岁的王应喜是阳曲县侯村乡店子底村村医，已经从医41年。如今，他随身带着一样"新宝贝"——健康一体机。"可以上网，远程连接县医疗集团，村民在家里就可以做心电图、测血糖，数据直接传输到县医疗集团数据库。"王应喜说。村医的工作内容发生了新的变化，从"小病不出门"到一家人健康"全托付"，工作效率提升了，服务内容也越来越贴心。村民张玉花突然感到胸部不舒服，王应喜立即按照县医疗集团培训过的知识进行处理，并将心电图、血压等检查结果发回集团心电中心，县医院及时明确了诊断结果，并指导王应喜对张玉花进行对症口服药物治疗及日后随访。王应喜说，现在村里的医疗条件越来越好，医疗费用有的也省下了，像他为张玉花进行的检查，全部免费。"既实惠了百姓，又提高了工作效率、降低了工作强度，在信息化支持下，让村医无论在老百姓炕头，还是田间地头，都能随时提供高水平服务。"

健康扶贫　让群众看病更有底气

2015 年以来，以 58 个贫困县为主战场，山西省采取超常规措施，拿出过硬办法，遏制和减少农村贫困人口因病致贫、因病返贫。健康扶贫制度不断健全，政策日趋完善，真招实招层出不穷，特色工作亮点纷呈，困难群众看病就诊切实得到了实惠。

政策举措

2017 年 7 月，《山西省建档立卡农村贫困人口健康扶贫"双签约"服务实施方案》正式出台，其中明确规定，要通过建立乡村干部、家庭医生签约团队与全省建档立卡贫困人口中的因病致贫、因病返贫困难群众"双签约"工作机制，打通政策落实"最后一公里"，确保全省农村贫困人口中的因病致贫、因病返贫群众都有一个健康服务家庭医生团队和医疗服务政策保障团队。

2017 年 8 月，《山西省农村建档立卡贫困人口医疗保障帮扶方案》正式出台，从提标、控费、兜底和衔接 4 个方面入手，通过建立"三保险、三救助"（基本医疗保险、大病保险、补充医疗保险，个人缴费救助、免费适配辅助器具救助、特殊困难帮扶救助）兜底保障长效机制，有效破解因病而贫"支出型"贫困。

数字成果

截至 2020 年底，山西全省建档立卡贫困人口 256.17 万人，已签约 255.81 万人，签约率 99.86%。面对面随访慢病患者率 96.56%，群众获得感明显增强。累计救治贫困群众 34.07 万人次，救治率达到 99.9%。全省农村建档立卡贫困人口累计住院 187.38 万人次，住院综合保障比例近 90%，为全省整体脱贫交出了成色十足的终考答卷。

幸福故事

健康扶贫"双签约" 给贫困户上了"双保险"

"以前得了病，能忍就忍，能不去医院就不去医院，一是怕花钱，再一个就是去了医院也不知道该找谁看病、怎么看病，现在稍微有点儿不舒服，给我的签约医生打个电话，他就会告诉我去哪儿、找谁、怎么办，真的是方便多了。"2017 年 9 月 25 日，在临汾市隰县寨子乡寨子村，51 岁的贾俊梅感慨不已。

贾俊梅眼中这种看病模式的变化，得益于 2017 年 7 月山西省在建档立卡因病致贫、因病返贫农村贫困人口中建立的健康扶贫"双签约"制度，困难群众有了为自己服务的乡村干部团队和家庭医生团队。制度实施不到 3 个月时间，隰县全县 19300 名贫困群众完成签约，2211 名因病致贫困难群众享受到政策服务。作为全省"双签约"服务的缩影，隰县走出了自己的路子。

如今，在隰县，不管是哪个乡、哪个村，随便走访一家贫困户，都可以在家里的显眼位置看到一张塑封的卡片，上面是 4 名签约医生的信息，包括照片、姓名及联系方式。"双签约"服务开展以来，老百姓的健康意识在逐渐提高，签约医生也在想方设法地为签约人群提供服务。

扶贫的目的就是为了让大家脱贫、脱困，针对建档立卡贫困户，隰县出台了一系列的优惠政策。比如，"先诊疗后付费"和"一站式"结算服务，建档立卡贫困户办理住院手续时，只需携带身份证和就诊卡，不需缴纳住院押金即可入院治疗。住院期间的医保报销费用、大病保险费用、医疗救助费用、免除的费用等都由医疗机构垫支，患者出院前一日只需结清自付费用即可办理出院手续。

再比如，住院期间，为建档立卡贫困户免除普通门诊挂号费、住院治疗费和床位费，并将经医保单位、大病保险和医疗救助单位报销补助后的剩余部分予以免除；还有为农村贫困白内障患者提供免费救治，为 50 岁以上建档立卡贫困人口进行免费体检，为建档立卡贫困妇女免费进行"两癌"筛查……

为让贫困群众知晓政策，他们还专门在服务协议书上给扶贫对象写了一封信，详细列出相关部门专门针对这些困难群众出台的所有惠民政策。"可以说，隰县已成为全省'双签约'服务的一个缩影。"山西省卫生和计划生育委员会相关负责人介绍，健康扶贫"双签约"服务正日益成为密切党群、干群关系的"连心桥"和"暖心桥"。

好政策给她家送来救命钱

"要是没有医保扶贫，我家那口子早就没命了！"长治市壶关县靳庄村贫困户马海云的妻子李建枝逢人就夸医保精准帮扶政策。

长治市壶关县地处太行山区，是国家级贫困县。截至 2020 年，全县共有贫困人口 78573 人，占全县农业总人口的三分之一，其中有 21824 人因病致贫、因病返贫。马海云家是典型的因病致贫贫困户，患上肺心病 10 多年来，他每年都要住几次院，不仅无法通过劳动增加收入，而且还花光了家中积蓄。

壶关县开展精准扶贫工作后，把医保扶贫作为重点工作之一，认真落实党的医保帮扶政策，切实提高贫困人口的医疗保障水平。

精准扶贫后，马海云看病的花费有了明显改变：2018 年，马海云先后在市、县医院住院 6 次，共花费 5 万多元，报销 4.4 万余元，自己实际花费 6000 元；2019 年，马海云住院两次，住院费用 3.9 万元，报销约 90%。此外，他还办了慢病卡，平常吃药也能享受报销政策。看着丈夫的身体逐渐恢复健康，妻子李建枝敢出去打工挣钱了，两个女儿也都可以安安心心地读书了。"有医保真好，给我家送来了救命钱！"李建枝开心地说。

除了马海云家，还有更多住在太行山深处，享受国家医保扶贫政策的建档立卡贫困户们说，医保扶贫是帮助他们救命脱贫的"好政策"！

医养结合 让老人老有所养、老有所医

随着人口老龄化的日趋严重，老龄人群的养老、健康问题成为社会关注的焦点。为积极应对人口老龄化，加快建设居家社区机构相协调、医养康养相结合的养老服务体系和健康支撑体系，山西经过不断探索，从实践中总结出了"养中有医""医中有养""医养协作""医养联合体""社区医养"五大医养结合模式，推动鼓励医养结合机构发展。

政策举措

2016年以来，山西省委、省政府把健康养老产业作为全省经济转型发展新动力的支撑点，并纳入了全省国民经济和社会发展"十三五"规划，出台了支持健康养老产业发展的推进意见。

2016年7月，《山西省人民政府办公厅转发省卫生计生委等部门关于推进医疗卫生与养老服务相结合实施意见的通知》下发，就全省医养结合的目标任务、保障措施和组织实施等具体内容进行了明确，确定了太原市、大同市、吕梁市、晋中市为省内首批试点。

2020年9月，山西省卫生健康委员会联合省民政厅、省市场监督管理局、省行政审批服务管理局下发《关于做好医养结合机构审批登记工作的通知》，支持养老机构设立医疗机构、医疗机构设立养老机构及新建医养结合机构，明确各类型医养结合机构设立的流程，进一步优化审批环境。

2020年11月，山西省卫生健康委员会与省民政厅、省财政厅、省人社厅等7部门联合发布《关于建立完善老年健康服务体系的实施意见》，按照老年人健康特点和老年人健康服务需求，提出构建包括健康教育、预防保健、疾病诊治、康复护理、长期照护、安宁疗护的综合连续、覆盖城乡的老年健康服务体系，为全省老年健康服务绘制蓝图。

2020年12月，《山西省人民政府办公厅关于深化医养结合促进健康养老发展的意见》发布，该意见着眼近年来困扰医养结合发展的一些堵点、难点，立足山西实际，坚持问题导向，围绕推进医疗卫生与养老服务相结合、推进医养结合机构"放管服"改革，加大政府支持力度，提出12项政策措施。

2020年12月，在"幸福汇"太原市新城社区养老服务中心，老人们与工作人员开心交谈

2020 年 11 月，在太原市社区养老产业孵化园，工作人员正在有序工作

数字成果

截至 2021 年底，山西省共有医养结合机构 110 所，其中两证齐全的 102 所，"医办养" 58 所，"养办医" 44 所；另有 4 所嵌入式机构和 4 所养老服务在备案的机构。全省 93.7% 的三级综合医院、69.7% 的二级综合医院开设老年病科，91% 的医疗机构开设就医绿色通道，98% 的养老机构已配有医疗服务。

截至 2021 年底，山西卫健部门共为 59134 名老人开展失能评估，并为 48279 名失能老人提供了首次基本医疗服务；对 19319 名 65 岁以上老人开展心理健康状况评估；70 所基层医养结合能力提升行动试点机构共为 260603 名老人开展生活自理能力评估，评估为中度依赖的老人 7384 名、不能自理的老人 4742 名，与 19805 名老人签订服务协议，并为签约老人提供服务 33964 人次。

幸福故事

医院试水"医养结合" 老人像在家一样舒服

在这里，虽说是医院，但却没有一般医院的严肃，不管是住院病人、家属，还是医护人员，大家都轻松愉悦；在这里，患者的需求永远被放在第一位，即便是没有任何知觉的老人，也能得到无微不至的关怀和照顾……这就是临汾市第三人民医院，一家传染病专科医院，把闲置的优质医疗资源利用起来，成立临汾市首家以"医养结合"为主要形式的新型科室——老年病科，为不能自理或长期卧床及因慢性疾病导致生活不能自理的老年病患者提供医疗、护理、托管、康复和临终关怀等服务，让老人们来医院不再只是为"医"而来，而是开心地在医院里"养老"。

"太奶奶，今儿精神不错嘛！"2018 年 8 月 27 日 11 时左右，刚进老年病科的楼道，大家就被一名护士的问候吸引了。循声看去，只见楼道走廊里有一小群人正围着一位坐着轮椅的老奶奶。"看看这是谁？是不是您孙女啊？"看到有人走过来，中间有名护士就轻轻拍了拍老人的肩膀，询问起来。老人缓缓把嘴里嚼着的苹果咽了下去，定睛看了看，摇了摇头。"就是你家孙女么，不认识了？"大家依旧逗趣着。老人笑着说："不是。""这会儿又不糊涂了，她家孙女儿是短头发，每次看见短头发的就说是她孙女，还拉着人家的手不放。"旁边的护工解释说，老人已经 98 岁，有点儿老年痴呆，作息时间也不太规律，经常半夜三更不睡觉，吵着闹着要干这干那，家人不得已就给老人吃了安眠药，不想出现了昏迷，于是送到了医院。因为老人的子女年龄也比较大，所以在家里一直雇保姆照顾，平日里老人血压也不太稳定，需要长期服用降压药调整。住院后，还发现老人有股骨颈骨折，由于老人年龄太大，已不适合做手术，所以必须在护理上慎之又慎。闲聊中，老人嘴角不时有口水流出，旁边的护士和护工看到了就赶紧拿纸巾去擦。

"带回家我们也不能 24 小时守着，又担心保姆经验不够，照顾不好。住到这里，日常生活都有专业的护工来照顾，万一有个突发情况，也有医护人员及时处理，自然要放心一些，而且费用算下来也和回家请保姆差不了多少。"老人的家属说。就这样，老人被留在了医院，一住就是好几个月。"就喜欢吃水果，别看年龄大了，牙口还真不错。"护工说，"老人在家时晚上老闹腾、不睡觉，可自从来了医院，晚上基本没闹腾过。"护士补充说："这里每天人来人往的，老人也不寂寞，精神状态也是一天比一天好。"

"刚开始，老年病科只有 10 张床位，人也特别少，大家也都是'为医'而来，现在，30 张床位几乎天天都是满的，越来越多的老人及家属慕名而来，他们的需求更侧重于'养'。"医院负责人说。

一般人提及医院，大多避之不及，里面住着的人也都是愁容满面。然而，在临汾市第三人民医院老年病科却处处洋溢着温馨的氛围。随便走进一间病房，都是窗明几净、整洁清爽。仔细观察，你会发现，为防止空调的冷风吹到病人，这儿的空调是加了盖子的；为保证房间空气干净，特别是防止一些气道切开的病人感染，房间里都放置了空气消毒器，会定时定点自动过滤。走在楼道里，病人、家属和医护人员之间更像是相熟的邻居，大家相互打趣、说笑。

小病不出敬老院　大病直接进医院

"这里供应一日三餐，有 24 小时照护服务，还有医生、护士随时保障，也挺放心的。"2021 年 10 月 29 日，在晋中市榆社县文峰敬老院，当地居民白秀红说，父亲 77 岁了，之前做工作想把老爷子接回去，他还不乐意。老爷子喜欢热闹，在这里人多还有许多娱乐活动，舍不得离开。他说："有养老金，一个月2000多元的费用也负担得起，儿女们几乎隔一天来一次。"

为使老人拥有一个健康快乐的幸福晚年，晋中市榆社县文峰敬老院实行"公建公营、医养结合"的管理模式，委托县中医院运营，实现养老、医疗资源的无缝对接，打造养老、医疗、护理、康复、保健五位一体的公办养老服务机构。

"我们目前能做到'小病不出敬老院，大病直接进医院'。"榆社县中医院院长介绍，该中医院抽调25名医疗骨干组成团队，轮岗服务，常年有3名医生和8名护士在敬老院，免费每天定时测量生命体征，定时医疗查房，为需要帮助的老人喂药、打针、输液等。老人有病需要住院治疗，可走绿色通道直接入院并到相关科室治疗；老人患小病或需要进行康复治疗，在敬老院就可进行治疗或康复理疗和功能训练，无须住院；需要到门诊看病的，医院大夫及时上门诊疗，不用到医院排队等候，有效解除了老人看病不便的后顾之忧。

榆社县曾是贫困面大、贫困程度深的县，农村老龄化现象突出。在康养产业的探索中，榆社县委、县政府还统筹将中医康复、保健养老的一体化服务模式，嵌入农村日间照料中心、社区居家养老服务中，提高老年人生活质量，提升老年人幸福度。

2021年7月28日，晋中市农村老年人日间照料中心建设推进会在榆社召开。"目前，榆社已建成养老服务机构2个，建成社区居家养老服务设施3个，建成农村老年人日间照料中心58个，全部为公建公营。"榆社县民政局局长介绍。

与此同时，在省委、省政府"康养山西·夏养山西"品牌战略部署下，榆社县加大财政资金投入，探索建立医养结合机构财政补贴制度，鼓励引导金融机构创新金融产品，加大养老产业发展信贷支持，鼓励民间资本发展养老产业。

科技兴医　解决老百姓疑难重症

山西省委、省政府高度重视山西高端领军人才短缺、高端医疗服务能力短缺等问题，特别是党的十八大以来，全省启动多项工程与创新计划，多措并举解决人才难题，助力医疗系统攀登医学高峰。

政策举措

2015 年，山西省启动"全省百千万卫生人才培养工程"。

2018 年，山西省委、省政府高位推动实施了"136"兴医工程。

2019 年，山西省政府与华中科技大学同济医学院附属同济医院签署山西白求恩医院托管协议，合作共建国家区域医疗中心。同年，"建设中医药强省"进入省政府工作报告。

2020 年，山西启动实施"四个一批"科技兴医创新计划。

数字成果

截至 2021 年，山西省新建 10 个领军临床专科，建成院士、博士

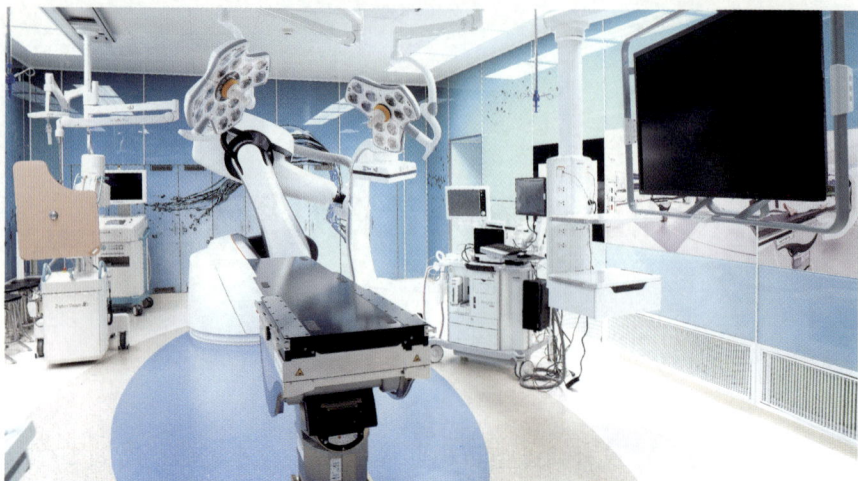

山西省人民医院一体化手术室

后工作站 27 个，柔性引进院士专家 30 名。整合、新建 77 个亚专科，打造 47 个卓越医学团队，引进开发 161 项国际国内一流前沿、一流技术。成功申报并启动国家区域医疗中心 3 个（山西白求恩医院、山西省肿瘤医院、山西中医药大学附属医院），建立覆盖 557 个医院的 16 个区域医疗中心专科联盟。仅山西白求恩医院 2021 年的四级手术数量就增长 36%，省域外转率降幅超 90%。

幸福故事

省内就能做高难度手术　患者不用再长途跋涉

大同人去北京，阳泉人去河北，晋城人去河南，运城人去陕西……多年来，很多山西人选择去外省看病，离得近是大家惯用的说辞，但绝大多数人都是因为"那里的技术水平更好一些"。如何让山西的百姓足不出省、在家门口就能享受到优质的医疗资源和服务，这是国家建设区域医疗中心的初衷，也是最终要实现的目标。

与同济医院合作共建国家区域医疗中心后，山西白求恩医院所有临床医技科室都对标同济、学习同济，引进新设备、挑战"高精尖"、拓展新领域，把很多此前必须去外省就医的患者留在了省内。

突破新技术　为疑难危重患者带来福音

2018 年，来自吕梁市交城县的张林生突然咳嗽，开始以为就是普通的感冒，可感冒药、止咳药、消炎药吃了一大堆，也没有任何作用。张先生和家人着急了，辗转多家医院检查、治疗，咳嗽非但没有

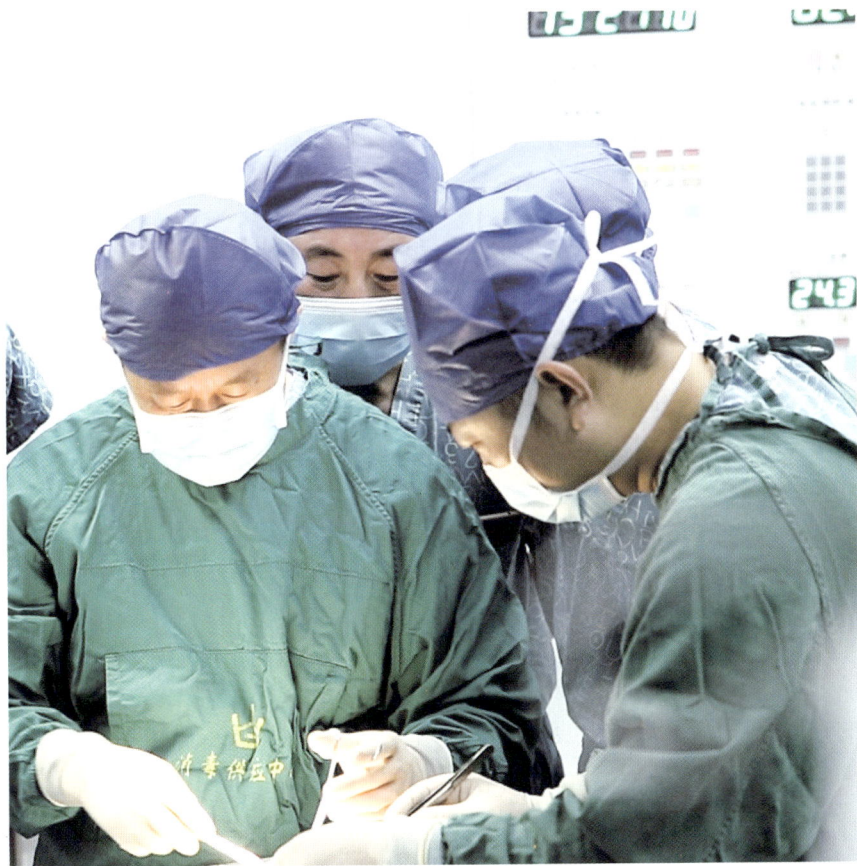

2021 年 11 月，同济医院常驻山西白求恩医院专家曾凡军教授正在做肺移植手术

好转，还出现了胸憋气紧等症状，只能通过呼吸机辅助呼吸……因为持续受到病痛的折磨，他的体重从80多公斤降到了50多公斤。为了治好张林生的病，全家人四处求医，专家们的答复几乎都一致：如果进行肺移植，或许还有一线希望。

在所有脏器移植手术中，肺移植因难度系数高而被称为移植界"皇冠上的明珠"。山西白求恩医院是在2021年6月才获得了肺脏移植的资质，也是全省唯一一家可以开展这一手术的医院。2021年11月27日，该院成功为一名60岁的女性患者实施双肺移植手术，刷新了山西器官移植的历史。

经过详细的咨询、了解后，张林生及家人决定就在山西白求恩医院做手术。幸运的是，相关检查显示，张先生的身体状况完全具备双肺移植的条件。医务部马上开始调配资源，在全国范围内为张先生寻找合适的肺源。

"广西桂林有一肺脏和张林生相匹配。"虎年春节刚过，张林生的家人就接到了器官移植中心打来的报喜电话。医院也开始为移植做手术前的最后准备，副院长带领移植团队，给张林生做了系统的检查与评估，并组织医务部、器官移植中心、呼吸与危重症医学科、胸外科、重症加强护理病房、心内科、营养科、麻醉科、中心手术部等多学科会诊，制定围手术期诊疗方案和应急预案。

2022年2月11日凌晨，历经7个半小时，在10多个科室的共同努力下，张林生的双肺移植手术顺利完成。"这仅仅是'万里长征'的第一步，接下来的术后恢复更加重要，抗排异、抗感染、手术伤口的恢复、呼吸系统的康复训练、营养支持等，每一项都需要医院付出巨大的人力、物力。我们每天都组织庞大的多学科诊疗团队会诊，科学、合理、精准地制定每天的治疗方案，邀请同济医院专家线上指导，用百分之百的努力确保每一个治疗方案都安全有效。"医院工作人员介绍，作为大器官移植的代表，"肺移植"这三个字所代表的已不仅仅是手术，而是整个医院的团队协作能力和学科建设水平。

开拓新领域　填补省内眼疾患者就医空白

2021 年，正在上高三的李超突然发现，黑板上的字总是很模糊、看不清楚，家人以为是眼睛近视了，就带他去当地医院做检查，但医生没能明确诊断，建议他到省城大医院进一步检查。在家人的陪同下，李超被送到了太原市某综合医院。检查中发现血液异常，他被确诊为白血病，医生分析视力突变应该也和白血病有直接关系。这对于李超和家人来说，无异于晴天霹雳。

李家想带孩子去北京治疗，但考虑到李超的身体状况每况愈下，实在经不起长途跋涉的折腾，想来想去，决定还是在省内医院治疗。在朋友的推荐下，他们来到山西白求恩医院。

"李超来的时候，是他妈妈扶着进来的，一只眼睛已经看不见了，另一只视力只有 0.1。"山西白求恩医院眼科主任段雅剑说，李超的病情发展非常快，就在办理入院手续的过程中，那只稍微有点儿视力的眼睛也看不见了。

"正常情况下，我们是不给两只眼睛同时手术的，但这个孩子情况特殊，病情进展太快，我们必须和病魔抢时间。所以，一次性给他做了玻璃体切除手术。"段雅剑说。手术前，眼科、血液科、麻醉科等多个科室的专家就李超的病情进行会诊，并对他的身体状况进行了评估，最后，李超的手术完成得非常顺利，术后，有一只眼睛的视力恢复到了 0.2。

段雅剑曾在山西省眼科医院工作，2020 年到山西白求恩医院后，她一直致力于因全身疾病导致视力受损患者的救治。"我们收治的患者中，有肾衰竭的、有身患血液病的，还有一些其他增殖性疾病的患者，在医院大内科的保障下，都进行了手术治疗，术后也都恢复了光明。"段雅剑说，现在，她们科室还和太原市第四人民医院合作，针对一些出现眼疾的艾滋病患者给予治疗。"最近，接诊的好几个在外地打工的患者，是从浙医二院、北医三院等国内知名医院转回来的。对于这部分患者，回山西就诊还能享受医保，是再好不过的选择。"

住房城建篇

从中华人民共和国成立之初的一穷二白，到如今全面建成小康社会，山河依旧如画，而城市万象更新、农村百业兴盛、百姓安居乐业，山西人民倍感幸福。尤其党的十八大以来，山西省推动住建事业高质量发展再上新台阶，为全面建成小康社会作出了积极贡献。

住房保障成果显著。作为公众关注的民生工程，山西省保障房工作多年来统筹有序，稳步推进，成果显著。党的十八大以来，山西省累计开工建设各类城镇保障性安居工程 125.41 万套，约 400 万城镇中低收入群众和棚户区居民的住房困难得到改善。

房地产市场欣欣向荣。1998 年以来，山西省房地产行业一路向上，商品房市场供需两旺。商品住宅呈现快速迭代升级的发展态势，在改善城镇居民居住条件和生活品质的同时，为推动山西省城市发展、提升全省经济活力添砖加瓦。

留住美丽乡愁。为留住家乡的美好、留住父老乡亲的希望，山西省在农村危房改造、提升农村基建品质、保护传统文化等方面不遗余力。作为全国古建、传统民居、村镇民俗文化保留最好的省份之一，山西对美丽乡村的保护不仅在于扶贫济困、提质升级，而且还尽力保留保护古村古镇原貌、深度挖掘传统村镇的文化价值。目前，山西省中国历史文化名镇总数达到 15 个，名村达到 96 个，传统村落达到 550 个，均位居全国前列，乡村历史风貌得到有效保护，而由此带来相关产业振兴的红利，惠及远近村民。

城市环境升级蝶变。党的十八大以来，山西省大力开展城市更新，城市人居环境不断改善，建筑品质不断提高，旧城旧区改造轰轰烈烈，百姓在这场城市升级的大变革中共享发展成果。

住宅进化　从小平房到高层住宅

平房、筒子楼、砖混结构楼房、点式电梯房、高品质商品住宅楼……中华人民共和国成立至今，随着经济发展和百姓生活需求的不断提高，城市中百姓"家"的样子不断地发展改善着。家是最小国，国是千万家。华灯初上，万家灯火映射出一个个小家的幸福和温馨，也见证着一个城市、一个国家多年来的发展成果。

政策举措

2021年7月，《山西省住房和城乡建设厅关于进一步促进全省房地产业平稳健康发展的通知》中提到，要推动建设项目绿色高质量发展。鼓励和支持房地产开发企业开发建设全装修、智能化、节能低碳的绿色建筑示范项目。对开发建设高星级绿色建筑项目的企业在信用等级评价中予以加分。超限高层建筑原则上应达到绿色建筑三星级要求。

数字成果

1980 年，山西省城镇居民的人均住宅面积仅有 4.54 平方米，且没有上下水、独立卫生间，居住条件差。截至 2020 年底，山西省城镇居民家庭人均住房面积由 2012 年末的 30.64 平方米增加至 35 平方米，户均住房达到 1 套，城镇居民三口之家普遍居住在 70 平方米以上的两居或三居且水电气暖齐全的多层或高层住宅楼中。

党的十八大至 2020 年末，山西省累计完成房地产开发投资 1.37 万亿元，销售商品住宅面积 1.8 亿平方米，房地产市场保持平稳健康发展，对经济社会的贡献作用持续增强。

2021 年，山西省房地产开发投资完成 1945.2 亿元，同比增长 6.3%；山西省房地产开发投资中商品住宅投资完成 1556.1 亿元，同比增长 8.7%。山西省商品房销售面积 3204.4 万平方米，同比增长 19.3%，其中商品住宅销售面积 3034.9 万平方米，同比增长 19%，商品住宅销售额 2030.1 亿元，同比增长 15.8%。

幸福故事

住宅变迁记

2021 年，42 岁的太原市民陈建青开心地搬进了新家。

陈建青的新家 120 平方米，户型特别合她的心意，三个卧室加客厅全部朝阳，两个卫生间都是明卫。聊起房子，她不由感慨："从筒子楼到砖混结构楼房，再到点式电梯房，现在住进高层商品房，我们家的住宅条件越来越好。"

从筒子楼到三居室　梦想慢慢都实现

陈建青的父亲是太原一家事业单位的职工,他们一家在这座城市最早的"落脚地"是单位的筒子楼。陈建青对筒子楼里生活的记忆寥寥无几,对于父母念叨的共用厨房、总对不上数的煤球,还有繁忙的卫生间,她没有太多印象。不过,筒子楼那长长的走道、昏暗的照明灯、熏得发黄的墙壁、家家门上挂着的布帘……她是记得的。上小学前,陈建青家搬进了砖混结构的楼房。房子虽然不大,以现在的眼光来看,户型设计很差,没有专门的餐厅、客厅,卫生间也很逼仄。但是比起筒子楼,一户一家独立居住的环境已经是质的飞跃。"一家四口再也不用挤在一个屋子里了,当时,我爸爸妈妈开心得不得了,搬家的时候专门把农村的爷爷奶奶接过来庆祝了一下。虽然我和姐姐共享一个房间,但那是我们第一次拥有私密空间。"陈建青回忆道。她的父母现在住的还是单位分的福利房,不过已是 2000 年乔迁升级的新居。房子户型明显合理多了,卧室日照充分,客餐厅齐全,还设置了书房,一家人住得很舒适。

2003 年,陈建青大学毕业,顺利入职太原市一家事业单位。几年后,单位集资盖房,她分到了一套 100 多平方米的三居房。"当时对住电梯房充满了期待,因为新房就在单位旁边,眼看着楼一层层盖起来,我和同事经常指着楼房讨论这户是谁的房子、那户是谁的房子,自己的房子要怎么装……"然而,经历了最初的兴奋,入住后的陈建青却并未收获多少幸福感。那幢楼是塔楼,一层有 10 户人家居住,但电梯只有 3 部,用梯高峰期总要经历"上不来下不去"的痛苦。而最让她难以忍受的是,她的房子为北户,没有一个朝南的窗户,屋里完全晒不到太阳。她的二儿子是在这套房子里出生的,为了让孩子能晒到太阳健康成长,她只能每天带着孩子在院子里"找太阳"。所以,最近几年,她心心念念想换一套阳光充足的房子,改善居住环境。

2018 年，陈建青梦想成真。在逛了很多家品牌房企开发的楼盘，看了无数的户型图和样板间后，她拍板买下了新入住的这套商品房。搬进新家，坐在宽敞的阳台上惬意地喝茶，看着楼下小区的风景，享受日光浴。她脸上洋溢着的满足浓得让人一眼可见。

居民建筑形态变迁，映照百姓居住品质提高

住宅的变迁路，正是无数个陈建青居住生活水平节节提高的真实反映。太原市建筑设计研究院执行总建筑师回忆，2000 年是太原住宅市场户型变化分水岭。2000 年以前，太原市住宅以多层住宅为主，大部分是砖混结构。早期的户型普遍功能性较差，多是长方形户型，房间多客厅小，无餐厅设计，空间局促，直接影响到采光与通风，厨房与卫生间仅能满足餐厨、如厕的基本需求，东向或西向楼非常普遍。

太原鳞次栉比的商品住宅楼与汾河公园景区共同构成美丽的城市景观

　　2000 年前后，太原的住房走向市场化，住宅建筑的形态开始向多元化发展。全城知名的漪汾苑、永乐苑、汇丰苑、西华苑等小区，就是在 20 世纪 90 年代中后期、21 世纪初建成的。"当时的住宅小区，户型设计处于初级阶段，城市的规划管控也不是很严格，容积率等土地条件都不太优越。开发商拿到一块地，会在能通过相关部门审核的范围内，尽可能突破容积率的最高限制，争取出更多面积，使利润收益最大化。所以，当时的户型设计不以舒适为第一目的。"一位房地产行业人士说。这些房子容积率高是普遍特征，房间内部采光差、分区动线不合理的现象比较普遍。

　　随着社会不断进步，高层住宅逐渐进入太原人民的视野。

　　2000 年之后，从太原滨河小区开始，高层住宅楼纷纷落地，大

唐花园、丽华苑等小区均是那个时代品质上乘的居住小区。其中滨河小区是全太原市首个全高层的小区，滨东花园、丽华苑等小区内有多层楼、高层楼多种形态住宅建筑。

为容纳更多的住户，塔楼开始盛行。塔楼的出现，打破了人们对住宅建筑形态和户型的固有印象。一栋塔楼内的交通核囊括着多户居民，一座高层住宅一梯4、6、8户的情况较为多见。例如太原市民熟知的文华苑小区，很多楼体北边的住户家中都是半日照，早上东边日照、下午西边日照，反倒是中午没有太阳光射进家里。业内人士表示，之所以会有这种户型，是因为设计者要解决庞大的住房需求，对住宅建筑主要功能的理解还停留在"实用"阶段，不注重客厅会客、家庭起居隐蔽、餐厨有序、卫生间洗漱方便等方面的需求，所以各房间的功能性被弱化。

2006年、2007年，恒大、富力、绿地等品牌开发商先后进驻太原。2008年，恒大绿洲、富力城陆续开售，拉开了省城品牌房企的时代。

品牌房企带来了产品和服务均标准化、系统化的房子，直接引起了公众对户型的关注和挑剔。随着品牌开发商进入太原，太原楼市的户型进阶开始有了大跨越式的发展。

住房保障　百姓住有其居

1998 年"房改"开启，正式拉开我国住房分配改革的大幕。对于少数无力购买商品房的城镇居民，从国家到地方，各级党委政府积极落实保障房分配制度，做到应保尽保。山西省委、省政府已连续多年把保障性住房建设作为对市县经济发展指标考核的重要内容，纳入省级重点工程进行推进，并在建设用地、省级资金补助、税费减免、手续办理等方面给予政策支持。政府的不断努力推进，让一些经济困难的城镇居民实现了自己的住房梦。

政策举措

2010 年,《山西省人民政府关于加快保障性住房建设的若干意见》出台，山西省的保障房建设和分配向制度化迈进。

2012 年，山西省出台的六大保障房管理办法正式施行，包括《山西省保障性住房建设管理办法》《山西省保障性住房运营管理办法》《山西省廉租住房配租与退出管理办法》《山西省公共租赁住房配租与退出管理办法》《山西省经济适用住房供应与退出管理办法》和《山西省限价普通商品住房供应管理办法》，关于保障性住房的建设、运营、配租、供应、分配及退出等问题均有了明确的制度依据。

数字成果

2012—2021年初，山西累计开工各类棚户区住房改造106.94万套，分配政府投资公租房25.68万套，发放城镇住房保障家庭租赁补贴40.42万户，稳步推进人才房建设，约500万城镇中低收入住房困难群众和棚户区居民住房条件得到了有效改善。

2021年，山西省开展保障性安居工程续建项目攻坚行动，棚户区住房改造开工1.59万套、基本建成4.58万套，发放城镇住房保障家庭租赁补贴6.16万户，超额完成年度目标任务。

幸福故事

太原市经济适用房首次公开摇号

2010年9月27日上午，太原市经济适用房首次公开摇号尘埃落定！作为第一个摇号中签的人，太原市民谭诚一辈子都不会忘记这一天。

那天，61岁的谭诚像往常一样在怀孕的女儿家忙碌着。下午4点多，谭诚接到通知电话，"我入围了？还能第一个选房，不会骗我吧？"证实了消息的真实性，他迫不及待地赶往西华苑三期工程项目部，去看看自己即将拥有的新居，畅想未来幸福的生活。

谭诚家住太原市杏花岭区东头道巷，一家三口在一套使用面积为28.3平方米的房子里一住就是15年，加上之前在15平方米平房的居住时间，谭诚和家人已经"蜗居"了35年。然而，就是这套28.3平方米

2010 年 9 月，太原市经济适用房公开摇号仪式

的房子，所有权也并不属于他，这是每年要缴 400 多元房费的公租房。

老伴和女儿曾不止一次地向老谭抱怨，一辈子连个房子也买不起。女儿没出嫁之前，一家挤在 28.3 平方米的房里，只能把 2 米的床锯成 1.6 米摆放在门口让女儿休息。说起这事，老谭满心愧疚。"住了一辈子小房子，终于可以有个宽敞点的地方住了。"谭诚感叹道。

"感谢政府给我们提供了住上大房子的机会。几十年的住房梦就要实现了，这个喜讯，我一生不会忘记！"谭诚计划选一套 60 平方米左右的小户型，两室一厅。"将来姑娘带着孩子回来就能有个自己的房间。"他高兴地畅想着。

大同市 "两区改造"　矿工住上新楼房

"67 平方米的楼房只花了 3 万多块钱，我们老两口住得够宽敞，可舒心了！" 63 岁的退休矿工王练军坐在沙发上高兴地说。

王大爷的新楼房位于山西大同"两区（采煤沉陷区和棚户区）改造"后建成的恒安新区内，距离大同市区 10 公里。1200 多栋规划整齐的住宅楼拔地而起，7 万多户矿工已入住，至 2012 年 7 月，三期工程将全面竣工，还将有 2 万多户矿工住进新房。

大同是全国重要的能源重化工基地。然而，长期以来，煤矿工人却住在矿山破旧低矮的棚户里，有些地方由于地下煤层被挖空，形成了采煤沉陷区，居住环境极其危险。

为改变这一状况，2006 年，大同煤矿集团启动了采煤沉陷区和棚户区"两区改造"工程，要用 3 到 5 年的时间，让 10.9 万户 30 万员工家属彻底告别低矮简陋危险的棚户区和沉陷区，住进宽敞明亮的新楼房。

王大爷是恒安新区的第一批住户。3 年前，他们一家 5 口人还挤在离云冈矿不远的一个 24 平方米的小土房里。"说它是'危房'一点不为过，房子就是用石头垒起来的，屋顶用几块破木板搭起来，一到下雨天，到处漏雨。"王大爷边说边摇头。

"现在住的地方环境很好，在井下辛苦了一辈子，退休了能住上这样的房子，真是享福了！"提到新楼房，王大爷乐开了花。平日里，王大爷喜欢在小区里散散步，找以前的工友聊天，一个人的时候就拉二胡解闷。

小区物业负责人说，小区的供水、供电、供热都实现了远程监控，各种情况"尽收眼底"，技术参数也是一目了然。此外，恒安新区还采用清华大学专利"基于吸收式换热的热电联产集中供热新技术"进行供热改造工程，对供暖滞后的热交换站全部进行改造，确保恒安新区的居民们度过每个温暖的冬天。

恒安新区改造前，是大同市存在时间最长的棚户区之一。因人口素质参差不齐、基础设施配套欠缺等问题，这里一度被山西省政法委确定为治安乱点。

2019 年 4 月，经过细致调研，大同市云冈区委成立了恒安新区专项治理工作领导小组，按照"一年全面治理、明显见效，两年巩固提升、整体推进，三年彻底改观、形成长效"的思路，吹响了恒安新区综合治理"集结号"。

恒安新区全面布局，不舍微末。环境、教育、出行、医疗、就业……百姓"急难愁盼"的问题一个个被解决，且方案不断优化。

经过两年的综合整治，恒安新区11处便民市场、集贸市场拔地而起；各类学校达到19所，幼儿园达到25所；公交线路从9条增加到13条；1家乡镇卫生院、3个综合医院为居民健康筑起"防火墙"；新建的恒安新区就业服务中心仅2021年就举办专场招聘会12场，累计提供就业岗位6704个，达成就业意向2366人……居住在这里的矿工们居住条件发生了改变，生活热情日益高涨。

如今的恒安新区，高楼大厦鳞次栉比，纵横交错的路网四通八达。一幅惠及9.57平方公里、31万多人的锦绣图景展现了当代矿工家庭生活的无限美好。

美丽乡村 从无序到规范

从 2008 年起，山西省在全国率先启动农村危房改造，以保障农村贫困家庭住房安全。特别是党的十八大以来，山西省将农村危房改造作为实现脱贫攻坚住房安全有保障的主要举措。与此同时，通过改造基础设施、推进传统村落保护等工作，山西的农村面貌及村民的生活水平发生了质的变化。田野中，庄稼长叶飞舞；村庄里，村容整洁道路平阔……

农村应该是什么样子的？村民可能有自己的想象，但是建设好的新农村比村民想象中的更好！

政策举措

2021 年初，《山西省农村自建房规划管理办法（试行）》公布，标志着农村自建房从无序建设向高品质规划建设转变。

2021 年 9 月，山西省住房和城乡建设厅等 3 部门下发《关于加快推进农房和村庄建设现代化的实施方案》，要求：2021—2022 年，有序推进农房和村庄现代化建设工作，重点抓好一批典型试点，创新工作机制，实施一批示范农房建设、村容村貌提升整治、村庄基础设施和公共服务设施建设、传统村落保护等项目，探索有效推进工作的方法和路径。2023—2024 年，全面推广试点工作经验，推动全省农房和村庄建设现代化工作取得明显成效。到 2025 年，全省农村住房安全得到有效保障，农房建设品质明显提升，村庄生活垃圾治理等基础设施和公共服务基本满足需求，乡村特色风貌进一步显现，村庄建设管理长效机制基本形成，建成一批农房和村庄建设现代化连片示范区。

数字成果

2008—2020 年，山西省累计改造农村危房 98.85 万户，解决了 300 余万农村贫困人口的住房安全问题，全省脱贫攻坚住房安全保障目标顺利实现。

2018—2020 年，山西省连续 3 年被国务院确定为农村危房改造工作督察激励省份。

改造后的运城市临猗县薛公村

吕梁市中阳县弓阳移民新村

近年来，山西深入推进农村建设，乡村宜居水平不断提升。仅2021年，全省就有55个镇建成生活污水处理设施；农村生活垃圾收运处置力度加大，收运处置体系覆盖自然村比例达到91.3%。

幸福故事

农村危房改造　让村民安心留守家乡

祖祖辈辈生活在农村的老乡们，尤其是上了年纪的老人们，更愿意生活在家乡，危房改造让他们得以安心留下。

大同市灵丘县东河南镇小寨村村民贾作女，跟儿子在城市居住多年。2018年，她的老房子进行了改造，让她在"故土"有了"新家"。

"我不喜欢住儿子那里的楼房，腿脚不好，上下楼不方便，周围的人都不认识，不如我回村住得安心，有老邻居、老街坊串门拉家常。我一直想回村住，没能回来就是因为房子没法住人。现在，政府资助把房子盖好，我就赶紧回来了。你看，这亮堂堂的多好。"66岁的贾作女很遗憾丈夫没有住上新房，不禁哽咽，"老伴去世3年了，没赶上住新房。要是他活着，看着这新房肯定可高兴了。"

贾作女的老房子已经坍塌，就在新房后面。现在那里是一片菜园，每逢春夏，欣欣向荣。

在"自筹＋补贴"进行危房改造的基础上，山西省住房和城乡建设厅通过统建农村集体公租房和幸福大院、修缮加固现有闲置公房、置换或长期租赁闲置农房等方式，兜底解决困难群众基本住房安全问题。

易地搬迁后　宋家沟成了 3A 级旅游景区

宋家沟村，是忻州市岢岚县一个易地扶贫搬迁的集中安置点。如今的宋家沟新村通过了 3A 级旅游景区评定，旅游产业发展得红红火火，到处一派生机勃勃的景象……

恢宏大气的仿古门楼、整齐划一的青砖灰房、曲径通幽的小街巷，眼前的宋家沟村仿佛一座有故事的古城。走在这座古城的主街道上，一条小渠贯穿整个村庄，小渠里流淌的清水，让整个村子更为灵动。

三棵树广场旁，有个叫"温俭居"的小院，女主人刘林桃正在打理着院里的菜苗。"想都不敢想，我们还能住进这样好的房子里。"刘林桃今年 54 岁，曾是岢岚县口子村的贫困户。回想曾经的生活，刘林桃有些哽咽："以前住的土窑洞，哪都是破破烂烂的，一出门就是土院子。"说着，她转身揉一把已湿的眼睛，指向身后的 3 间新房，"看我现在的房子，真的是梦里都没见过。"

2017 年，享受易地扶贫搬迁政策的刘林桃一家搬入宋家沟村，住进了明亮宽敞的新房子。生活条件有了质的提升，刘林桃就开始寻思：走出了穷窝窝，怎么干才能走上致富路？在村委会的鼓励和支持下，她支起小摊卖起了凉皮碗团。小本生意日渐红火，一年下来，光卖凉皮碗团就收入了 6000 多元。"这可是一个庄稼人近一年的收入啊！"刘林桃说。以前，一家三口全靠10亩地糊口，收成好了一年也不过5000元左右。而如今，不仅住进了新房子，连收入都翻番儿了。

"各种补贴，再加上我的小摊儿，一年下来，收入能有几万元。"刘林桃说。

"宋家沟现在已经是3A级旅游景区了，一个易地扶贫搬迁的集中安置点变成3A级旅游景区，这在全省也是首例。"专门负责宋家沟文旅建设的岢岚文创中心负责人言语中兴奋不已，"岢岚县宋长城是全国唯一发现的宋代长城，依托宋长城景区和荷叶坪森林旅游景区的优势，岢岚形成了独特的旅游资源。所以，我们计划将宋家沟、口子村、宋长城以及荷叶坪4点连接，形成一条岢岚文旅循环线，同时，在岢岚县城将鼓楼街和崇德街进行复建，做旅游开发。"他表示，不仅如此，他们还计划打造类似《又见平遥》的大戏，把岢岚这里的故事，讲述给更多人……

城市进阶　城中村、旧小区俱换新颜

　　城市提质脚步飞快，城市面貌不断更新。随着一个个城中村的拆迁，一幢幢摩天楼的建成，一片片老旧小区完成改造升级……古老的城市焕发生机，长高，变俏，变美，变得立体起来。

政策举措

　　2021 年，山西省修订《山西省城市市容和环境卫生管理实施办法》，对城市市容和环境卫生、城市综合管理提出更高要求。

　　2021 年，全省各地推动老旧小区改造、老旧住宅楼节能改造。

数字成果

　　2012—2021 年，山西省完成市政建设投资 4012 亿元，新建市政道路 8912 公里，新建水气热管网 7.69 万公里；新增城市生活垃圾焚烧处理能力 1.32 万吨 / 日，太原等 6 个设区城市实现生活垃圾"全焚烧、零填埋"；新增污水处理能力 140 万立方米 / 日，城镇污水超标

环湖城中村改造后建成的晋阳湖公园,成为太原市新名片

排放现象彻底消除,城市综合承载能力不断提高。

2012—2021 年,山西省创建国家和省级园林城市(县城)23 个,11 个设区市全部建成数字化城市管理平台。仅太原市在 2021 年就有 700 个以上的老旧小区改造完成。

截至 2021 年底,山西省的城镇化率已超过了 63%。

幸福故事

太原市后北屯拆迁换新颜

太原市后北屯地处繁华的漪汾街,周边的购物、娱乐、餐饮场所应有尽有。然而,提起后北屯,多数在太原打工的人脑海中都是这样的画面——街边散乱的小摊小贩,随处可见的网吧,一幢幢杂乱无章的"握手楼",下雨后泥泞不堪的土路……

2015 年,搭上太原市城中村改造的"快车",后北屯"换颜"在即。

83 岁的张守根是后北屯的村民,自家的房子马上要拆迁了,张大爷来跟老房子道别。对张大爷来说,住了一辈子的地方要改变,有很多不舍。但是，城市要发展，大家也厌倦了又脏又乱、"一线天"式的生活环境。新家是一幢30多层的建筑，小区周边还要建设一些配套设施。这样买菜、锻炼，干什么都方便，也会比以前干净。

张大爷的儿子张大伟扳着手指头一口气说了一堆城中村的问题："房屋密度高，违章建筑集中；电线杂乱无章，消防隐患大；污水横行，垃圾成堆，卫生条件差；居住人员构成复杂，外来人口多，流动性强。"他对原来的居住环境并不满意。以往，房租一直是唯一的收入来源，现在拆了房子，他作为这个四世同堂之家的顶梁柱，总担心失去了安身立命之本。工作人员所描述的按照原住房面积、楼层给相应的拆迁补偿的承诺给他吃了一个"定心丸"。"知道我们当惯了房东不适应新生活，还允诺了过渡费的补偿，尤其改造完成后每户提供大约20平方米的门面房的政策，可以让我们继续做'房东'，大家都知足了。"张大伟说，虽然只是初步的协商，最终如何补偿还没敲定，但他相信政府会为大伙儿考虑周全。"隔壁的两口子已经开始卖水果了，我也想到村里提供的培训机构学门手艺，别看我年纪大了，学东西快着呢。"张大伟乐呵呵地说。

后北屯村只是太原城改的一个缩影。随着经济发展、城市建设，这些"隐匿"在喧嚣城市中的村庄成为城市发展的短板。2003年以后，太原城改拉开了大幕。亲贤、杨家堡、大马、坞城、郝庄、郝家沟、中涧河、柏杨树、七府坟、西流、大东流、小东流……一个个城中村迎来它们的"换颜"时刻。

1949年至今，省城形象从平面变得立体

站在正在施工的省城太原信达国际顶层眺望，一览众"楼"小，这个总高度达266米的摩天大楼是太原最高建筑。

据太原高楼迷论坛热心网友不完全统计的数据显示，太原已经立

项、在建、建成的摩天大楼超过 50 座，其中高度超过 200 米的摩天大楼达到 10 座，包括 5 座建成封顶的项目。太原的摩天大楼基本分布在迎泽大街、长风亲贤商圈、汾河两岸等城市核心区，266 米高、地上 54 层的信达国际是全城已建成的最高大楼。太原这座历史悠久的古城，正从平面向立体发展，一天一天长高变美。

不仅是写字楼，如今建筑高度超过 150 米的住宅小区在省城已比比皆是。家住中海寰宇天下的王女士选房特意选在了 50 层，她认为超高层住宅的价值不光体现在建安成本和地段上，高层观景功能带给人的愉悦舒心，是金钱难以衡量的。

在天气晴朗的日子，王女士坐在窗前，往北，能看到气势宏伟的北中环桥；往南，可以远眺南内环桥；往东，迎泽东大街若干新老城市地标尽收眼底；往西，宽阔的迎泽西大街通向郁郁葱葱的西山。尤其是美丽的汾河，从北顺流而下，犹如玉带将古老而有活力的太原人文景观和自然景观联结到一起。

改革开放之前近 30 年的时间里，太原市最高建筑的纪录保持者

远眺立体太原城，壮阔大气

是迎泽宾馆，其中始建于 1955 年的迎泽宾馆西楼，高度为 32 米；始建于 1977 年 10 月的迎泽宾馆东楼，高度为 48 米。

20 世纪 80 年代，太原紧随改革开放浪潮，经济飞速发展，全城公用、民用建筑从平房开始向楼房过渡。开建于 1985 年的天龙大厦，于 1987 年建成投入使用，高度为 77 米，成为当年全城最高建筑。

1989 年，高度超越天龙大厦、达 84 米的金融大厦落成，是当年太原第一高。

1999 年，位于府西街的山西国贸大厦封顶，这两座高度达 166 米的双子楼成为太原建筑新地标，再次刷新太原天际线。

由此开始，在很长一段时间里，太原市高度超过 100 米的超高建筑猛增。建银大厦、金港大厦、邮政大厦、和信摩尔大厦、迎西大厦、禹皇大厦等一批造型别致、特点鲜明的地标在太原市迎泽大街、长风街等形象大街上犹如雨后春笋般出现。

高楼云涌与太原经济腾飞相辅相成。

大同市平城区老旧小区换新颜

2020 年 8 月，塞北的夏天同样炎热，大同市平城区云波里小区，建筑工人正顶着烈日分批作业，更换窗户、做外墙保温、开挖地下管线……老旧小区改造工程进行得如火如荼。看到屋外做外墙保温的工人热得满头大汗，小区居民李亚琴专门熬了一大锅绿豆汤给他们送过去。

云波里小区建于 20 世纪八九十年代，经过几十年岁月的洗礼，到处都是灰扑扑的外墙、装修杂乱的阳台、私搭乱架的电线……整个小区仿佛一个行将就木的老人，没有一点精气神。2020 年，大同市平城区老旧小区改造工程启动，这也是 2020 年大同市政府十项民生实事之一。工程涉及 25 个小区、218 栋楼、近 20000 户。云波里小区就是这 25 个小区中的一个。

借着大同市老旧小区改造的东风，云波里小区即将迎来"新生"。居民们对改造后的小区期待满满："做完墙体保温，还要统一对外墙进行粉刷，咱的房子看起来就跟新的一样了！""电线入了地，一抬头就能看见天，不是乱糟糟的电线了，人的心情也好了。""我家是 6 楼，一到下雨天就发愁，这下重新做了防水，屋里再也不会漏雨了。"……看着小区一天天变了样，李亚琴感慨："我家房子从住进来就再没装修过，窗户还是木头框架的，腐朽得厉害，密封性、保暖性也差，冬天风嗖嗖地往屋里钻，暖气烧得再热也没用。这下换了窗户，密封性好了，墙体保温了，冬天肯定暖和了。"看着更换好的明亮的玻璃、雪白的塑钢框，李亚琴觉得自己家墙不够白地砖也不够亮，她开始计划等小区彻底改造完后，把家里也装修一下，这样才配得上旧貌换新颜的小区！

文体休闲篇

　　说起山西，怎能不加这样一个前缀——中华文明历史最长最完整的地区之一。山西从旧石器时代发端，有着贯通上下五千年的华夏文明。尧、舜、禹三代建都于汾河下游，"精卫填海""愚公移山"等神话故事都在这里发生、流传。时至今日，全国70%的元代以前的木结构建筑和80%的戏曲文物都保存在这里。

　　说起山西，怎能不提这样一群文化巨匠——音乐方面有师旷作《阳春》《白雪》开风气之先，荀子作《乐论》立规定则；诗文方面有王勃、王维、柳宗元、白居易、元好问、罗贯中、傅山等人千古流芳；绘画方面有荆浩、马远称雄一时；戏剧方面有关汉卿、白朴、郑光祖等名扬海内。

　　说起山西，怎能不讲这样一些文化别称——"华夏文明主题公园""古代东方艺术博物馆""中国社会变更和进步的思想库"。

　　……

　　而这些，就是山西人幸福生活的文化底气。

　　中华人民共和国成立后，山西发展开启崭新一页，而文化就像一种血液，幸福就像一种基因，在山西人的生活中绵延。

　　尤其是党的十八大以来，山西的十大文化惠民工程："三馆一站"及博物馆免费开放工程、政府购买公共文化服务工程、政府购买公共文化服务岗位计划、红色文化阵地建设计划、流动文化建设工程、数字文化建设计划、广播电视传播能力提升工程、全民阅读工程、公益电影放映工程、城乡电子阅报栏建设工程。所有这些，哪一项不是和老百姓的文化生活息息相关？

　　而支撑这些工程的，仍旧是山西不竭的文化资源。在源源不断的文化滋养下，而今的山西人，自豪感愈加强烈，许许多多的幸福故事就此衍生。

全民阅读　"书香社会"结硕果

　　为打造"书香社会"，山西把全民阅读作为一项惠民工程，精心营造氛围，构建平台，在资金和制度上提供支持，深入开展书香市县、书香村镇、书香机关、书香企业、书香校园、书香家庭的评选，以"书博下乡村、图书进万家""全民阅读"等丰富多彩的活动，让书香滋润百姓生活。其中，农家书屋工程是社会主义新农村建设的文化工程，是党中央实施的文化惠民五大重点工程之一，也是山西省"五个全覆盖"的重点内容。

政策举措

　　2007年，山西省开始农家书屋试点工作；2008年12月，《山西省"农家书屋"工程实施方案》下发，山西省农家书屋工程正式启动；2010年，农家书屋成为山西省新的"五个全覆盖"重点内容；2011年，山西省新闻出版局将该年确定为"书屋攻坚年"。

　　2015年5月，山西省启动了"书香三晋·文明社会"的全民阅读活动。同年9月25日至27日，第二十五届全国图书交易博览会在太原召开，进一步促进了山西省书香社会的建设。

2021年5月，《山西省全民阅读促进条例》通过，于同年7月1日起施行。该条例明确指出，每年7—9月为"书香三晋·文化山西"全民读书季。

数字成果

由于各级政府高度重视，山西省农家书屋建设成效明显，建设速度和质量走在中西部省份前列。2007—2012年上半年，中央财政累计投入28339万元，省级财政累计投入13911.5万元，市级财政累计投入8501.7万元，县级财政累计投入8925.8万元。

山西省农家书屋全部实行统一建设标准，门面样式统一，书屋面积都在30平方米以上。农家书屋内部配置均达到国家规定的标准，

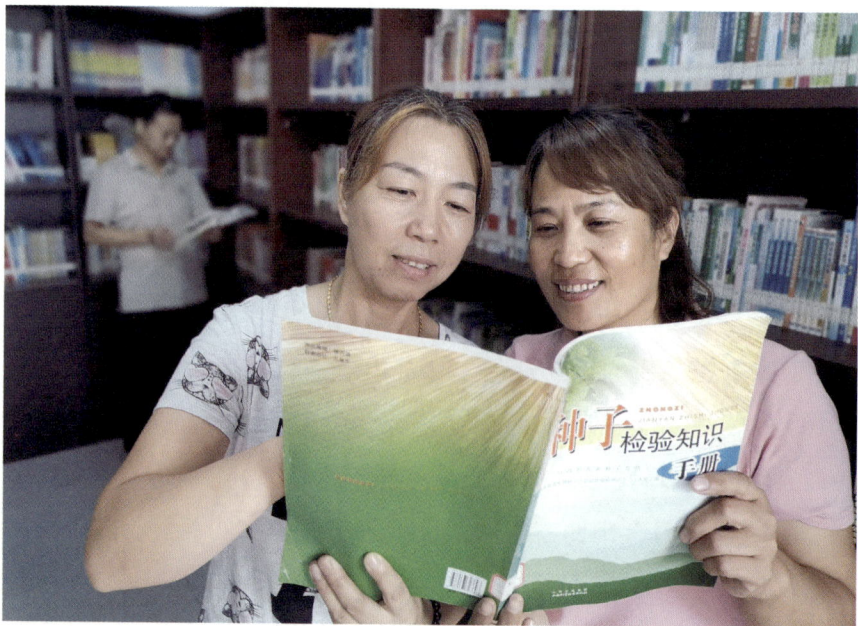

2020年8月，晋城市阳城县蟒河镇台头村农民正在农家书屋看书学习

即图书不少于 1200 种、1500 册，报刊在 30 种以上，电子音像制品百张以上。到 2012 年上半年，山西省总计建设农家书屋 28339 个。

2015 年 9 月，在太原举办的第二十五届全国图书交易博览会，是书博会自 1980 年开办以来首次在山西进行。这届书博会以"文华三晋·书香九州"为主题，进行了 276 项活动，交易额超过 30 亿元。

2017 年 4 月，太原理工大学图书馆等 21 家单位成为山西省首批全民阅读示范基地。2020 年 11 月，山西大学图书馆被中国图书馆学会授予"全民阅读示范基地"称号，这是全国图书馆界在全民阅读工作中的最高荣誉之一。

2020 年，山西省各级公共图书馆书刊文献外借 4035 千次，全年开办讲座、展览等活动 3906 次，参加活动的读者达到 2500 千人次，新增藏书 3052 千册。截至 2020 年底，山西省各级公共图书馆总藏量达到 21529 千册，电子阅览终端 4543 个。

至 2021 年，山西已有公共图书馆 128 个。

幸福故事

金屋银屋不如农家书屋

2012 年 5 月，40 多平方米的朔州市平鲁区井坪镇龙卜沟爱心农家书屋，8 个大书柜里整齐摆放着科技、文化、生活等各类图书。书屋中间的阅览席，三五个村民正在看书，大家看的多为科技、法律和休闲类图书。"遇到种植方面的难题，农家书屋可帮了俺的大忙！"说起农家书屋带来的好处，正在翻阅《西红柿种植技术》的村民崔有明打开了话匣子，"平时没时间出去买书，咨询专家还不及时，这些书籍就成了俺们的及时雨。"

建设农家书屋以来，平鲁区紧紧围绕"两个70%"这一战略目标，以农村新"五个全覆盖"建设为契机，把农家书屋作为一项全面提升农民科学文化素质的惠民工程来抓，区、乡、村三级联动建成农家书屋350多家，每个书屋配备图书1500册，累计存书60余万册。

在平鲁区白堂乡元墩村农家书屋，管理员小李正在整理书籍。这里有藏书2000多册，基本涵盖了农业、卫生、文学、艺术、科普等多个类别，还配有VCD、电视机、远程教育接收设备等设施。农家书屋给农民带来的点滴变化，作为书屋管理员的小李感同身受。在这里，村民们不只是单纯地看书、学习，一些村民还在这里自学起了养殖、编织等技能，把书屋当成自己的"加油站"。墙上挂着的书籍外借登记簿显示，已经有200多册次的书籍外借。

"金屋银屋比不了农家书屋，金山银山比不上文化书山。"村民任贵祥办了个养殖场，经常碰到很多养殖方面的难题，自从村里建起了农家书屋，他就经常来看书学习养殖技术，得到了很大的帮助。"有了农家书屋这个促农增收的'金钥匙'，咱们今后搞养殖再也不用犯愁了，可以甩开膀子大干了。"老任的肺腑感言也折射出农家书屋给当地农民带来的实实在在的好处。

满城尽是书香气

2015年9月22日，在第25届书博会大同分会场开幕之际，大同市的市民大讲堂如期开讲。著名主持人白岩松、"百家讲坛"客座教授纪连海、中国佛学院副院长宗性法师、"百家讲坛"客座教授郦波、中国科学院院士何祚庥等名家相继走进大讲堂为大同市民"授课"。大家纷纷表示，能在本地听到大师的课，真是从没有想过，也受益匪浅。

"太棒啦，我签到了28本书！"9月25日，在书博会太原主会场"红沙发"活动现场，一名排了几个小时队的学生，终于得到了中国当代科幻小说作家刘慈欣的签名，他一边跳着一边兴奋地向还在排队的同学们炫耀。书博会上，无论是哪个展台，只要有作者签名售书，一定会被热情的读者围个水泄不通。像漫画家蔡志忠，一天有好几个签售会，他到哪儿读者就追到哪儿，而等他签名的队伍总是早早排得像长龙一般。刘先生是土生土长的太原人，现在做通信行业，他从 1989 年就开始看蔡志忠的漫画，每一本都买，他没想到能在太原等到蔡志忠来签售。"这就是全民阅读给市民带来的好处，我们的城市有了书香气，就能吸引来这样的博览会，从而让更多的人加入阅读的行列，这是一个好的循环。"刘先生兴奋地说。

"这是我妈妈，这是我老婆，这是我儿子，这不正好赶上中秋节假期，我们全家就一起来逛逛。"9 月 26 日上午，从事煤炭行业的陈先生带着一家老小来书博会，他说这样做很有意义，不仅能让孩子多看点书，也能长点知识，还能全家在一起，可谓一举多得。

书博会的现场，这样的举家出动随处可见，老的小的、年轻的年长的，个个"腹有书香"。全民阅读，在书博会的会场上体现得淋漓尽致，使得满城尽是书香气。

送戏下乡　大戏唱到家门口

山西是戏剧文化大省，共有地方剧种 49 个，其中有 19 个列入国家非物质文化遗产名录。在全国地方戏曲剧种普查中，山西位列剧种数量榜首。

作为戏曲之乡，尤其在山西的广大农村，农民群众有着特别的看戏情结。在文化惠民政策的推动下，山西省各艺术院团多年来坚持"剧目质量高，演出无死角，群众不花钱，四季有戏看"，让百姓真正享受到"文化民生"带来的幸福生活。同时，山西省还先后举办了"戏曲精品老区行""文化惠民在三晋"等系列活动，文艺工作者深入农村（特别是革命老区）、大型企业、部队等地进行演出，给人民群众带来多看戏、看好戏的实惠。"文化乐民、文化育民、文化和民"在活动中得到充分体现。

2017 年起实行的"免费送戏下乡一万场"，更是体现了山西省委、省政府"以人民为中心"的执政理念和为民情怀，对满足基层群众的精神文化需求，提振全省人民转型发展、干事创业的精气神具有积极意义。

政策举措

2014 年，山西省在全国范围内先行先试"政府购买公共演出服务机制"，《山西省省级购买公共演出服务方案（试行）》《山西省省级购买公共演出服务实施细则（试行）》等先后出台，明确将送戏下乡列入政府购买公共演出服务的范围。

2016 年，山西又出台了《关于提高公共文化服务水平的若干意见》，对送戏下乡场次和村级简易戏台建设等方面工作进行了指导。

自 2017 年起，"免费送戏下乡一万场"成为 2017 年山西省政府工作报告中为百姓办的六件民生实事之一。为落实好此项工作，《山西省"免费送戏下乡一万场"实施方案》出台，为"免费送戏下乡一万场"提供了政策依据。

为加快落实"免费送戏下乡一万场"民生实事，山西省文化和旅游厅在 2019 年"免费送戏进景区"创新试点活动基础上，进一步加强 2020 年"免费送戏进景区"工作。2020 年，山西省将"免费送戏下乡一万场"活动扩展提升为"五个一批"群众文化惠民工程。

与此同时，常态化惠民演出，如太原的"长风之夜"、晋中的"十台大戏闹新春"、运城的"四心剧场·天天有戏"、长治的"送戏下乡·传承文明"已经成为闻名全省的文化惠民品牌。

数字成果

2014 年，山西省文化厅、山西省财政厅确定省级公共演出购买专项资金 1000 万元，2015 年增加到 1100 万元。此外，全省有 10 个市先后立项确定了政府购买专项资金和规范政策，购买公共演出服务

2012 年 4 月，太原市小店区送戏下乡演出现场

的资金总量不断增加，2014 年 2000 多万元、2015 年 4000 多万元、2016 年 5000 万元……送戏下乡演出场次也不断增加。

2017 年，"免费送戏下乡一万场"调动省、市、县近 200 个文艺院团，演出 15349 场，超额并圆满完成演出任务，实现全省国贫、省贫县全覆盖，省、市、县各级共落实购买资金 9000 余万元。之后，"免费送戏下乡一万场"每年都超额完成演出任务。

自"免费送戏下乡一万场"活动开展以来，演出已近 10 万场，现场观看以及通过直播观看的群众要按上千万人次来计算，真正将群众喜闻乐见的经典传统剧目和新创剧目送到基层一线，送到百姓身边。

幸福故事

把最好听的戏送到百姓身边

片段一

晋剧是中国北方的一个重要剧种，深受山西城乡人民喜爱。

2017年7月2日，山西省方山县积翠乡孔家庄村65岁的武海生老人早早地吃过晚饭，放下筷子拿起折叠凳就往村里的小广场赶去。老武在戏台前找了个好位置坐下，和村里的几个老伙计聊了起来。

当天，孔家庄村来了一群特殊的客人，山西省晋剧院派团来村里开展送戏下乡专场演出活动，老武和村里的老戏迷，早就听说这次来的演员可不一般，有"梅花奖"获得者栗桂莲、国家一级演员孙红丽、国家一级演员陈红等十几位艺术名家，带来了《戏叔》《八珍汤》《明公断》《探谷》等一批经典剧目，并且连演3天，这着实让人兴奋。

片段二

2018年2月24日正月初九傍晚，寒风刺骨，山西省太原市迎泽区狄村的广场前，各种道具摆得满满当当，村民赵承旺忙着招呼客人们到生起的旺火前暖和暖和。

73岁的村民张洪根匆匆扒拉完碗里的饭，赶着来凑热闹。"我们村一直有过年摆戏台唱戏的传统，今年从正月初二就开始演出了。"

已经退休4年的教师任萍萍陪着母亲来看戏。"在没有电视、手机的年代，看戏是村里最热闹的娱乐方式，我母亲习惯了村里过年的红火，一个人对着电视机看节目总觉得没有年味。"

特地开车半小时从城北赶来的"老戏迷"朱正生表示："晋剧我打小就听，以前像丁果仙、王爱爱那样的老艺术家字正腔圆，我闭着眼都能听懂戏里在讲什么，那滋味真美啊！"

82岁的郭志明老人提前赶来，占了一个比较满意的位置。一个冬天几乎没有出门，好久没见的老伙计再次聚在一起，少不了玩笑。太原市实验晋剧院二团团长武凌云路过，老人忙着问今天要唱哪一出。听说是晋剧《古城会》，老人自己讲起了戏文。周围的人说："老人虽耳背，但他就喜欢这样的快乐氛围。"

台下的人们闲聊着，太原市实验晋剧院二团已集结完毕。戏台上，舞美工作人员忙着悬挂底幕、清点摆放道具。在村委会的简易小食堂里，几名年轻演员就着拌黄瓜，吃着被大家戏称为"剧团汉堡"的油炸馍馍片，喝着稀饭——这是他们的晚餐。

锣鼓响起，喧嚣的人群安静下来，台上唱念做打，台下低声品评，偶尔有孩童嬉戏，从人群缝隙中风一样地跑过，身后传来女人们关切的低声嘱咐。

......

剧团工作人员介绍，团里每年有 10 个月时间在乡下，演出超过260 场，足迹遍布山西的山庄窝铺、沟沟坎坎，为老百姓们送去无限的欢乐。

山西省各文化文艺部门和单位都高度重视"免费送戏下乡一万场"这一民生实事，涌现出一批优秀集体和优秀个人。省晋剧院把 90%的惠民演出送到了贫困地区和革命老区；晋中市组织精干高效的"文艺轻骑兵"下基层、进农村开展文艺宣讲，用"地方戏"和"百姓歌"推动党的理论和政策走出书本和课堂；孝义市联合送戏点周边村村委会，通过免费提供接送、午餐等实实在在的服务，把党和政府的关怀送到群众心坎上。"送戏下乡"让更多的人在家门口看上大戏、一睹名家风采，将实惠送到百姓身边。

会展演出　拓宽百姓的视野

　　三晋舞台艺术的丰富，开启了山西老百姓的剧院生活，让人们有了更多精神消费的冲动。

　　从"走出去"瞧一瞧，到"引进来"看一看，山西日渐增多的各种会展节庆活动，不仅让山西老百姓足不出户就能领略大千世界，而且让山西"从山西出发"，通过各种类型的展示，被世界所认识。

　　无论是经济还是文化，更美好的山西在百姓面前徐徐展开，更生动的山西被世界深刻了解。

政策举措

　　2015年5月，山西省文化厅和山西演艺集团共同主办的2015年度"周二剧场"惠民专场演出活动正式拉开帷幕。该活动是在2014年推出的"周二剧场"经典戏剧优秀剧目鉴赏活动基础上，进一步整合调动省内文化艺术资源、丰富演出内容、创新活动形式、完善服务机制后全新推出的省内又一个常态化大型文化惠民品牌活动。演出内容集京剧、晋剧、相声、小品、话剧、儿童剧、舞蹈等艺术形式于一体，通过低票价惠民的方式让群众共享文化发展的优秀成果。

2021 年底，山西省发布的《山西省"十四五"文化旅游会展康养产业发展规划》中明确提出，要推动文化、旅游、会展、康养四大产业融合发展，利用山西支柱产业的优势和地方文化的独特内涵，打造山西会展产业独特品牌；通过"会展＋文创""会展＋旅游""会展＋康养""会展＋赛事"等融合发展模式，提高山西会展产业在国内会展市场中的竞争力。

数字成果

2016 年，山西演艺集团所属的五大院团的演出场次和收入均创新高，实现了场次和收入的"双突破"。集团组建 6 年以来，演出 6750 余场，演出收入达 2.23 亿元。与此同时，山西精品剧目走到了国外。一些优秀的演出剧目，经常有在全国巡演的机会。

2019 年，山西经贸展览数量为 34 个，展览总面积约 70.45 万平方米。

2020 年，山西省院团国内演出 120.8 千场，到农村 16.5 千场，国内演出观众人次达到 17925 千人次。

2020 年，全省年展会数量突破 150 场（次），年展览面积突破 120 万平方米，永久落户 1~2 个国际性学术或研讨会议。

截至 2020 年底，山西已投入使用的展览场馆共 6 座。其中，位于太原的展馆占 4 座。

幸福故事

平遥国际电影展　为普通人打开电影之窗

平遥国际电影展每年都会成立观众评审团，观众评审在影展结束时，投票选出每个单元最喜欢的作品。2019 年的电影展观众评审团，由 90 位来自全国各地、从事不同职业的人组成，也是 3 届电影展中，人数最多的一届。29 岁的卫轩，是山西工商学院传媒学院的教师，她不仅是本届电影展评审团成员之一，也是一个参与了两届平遥国际电影展的"老评审"。

作为一个影迷、一个广播电视编导专业的老师，3 年前，卫轩听到平遥也要有电影展时，特别开心。平遥国际电影展要招募观众评审，她毫不犹豫地报了名，没想到成为第一届 55 位观众评审中的一员。谈起 2017 年第一次当观众评审的经历，卫轩说："我被分到'卧虎'

2019 年 10 月，平遥国际电影展大师班现场座无虚席

单元，这里一共有 11 个评审。那时一天看 3 场电影，最多的时候一天 5 场，除了本单元的影片，还有其他我感兴趣的影片。几天下来，我一共看了 19 部电影，真是太过瘾了！"

正如卫轩所说，电影展扶持青年导演的创作，但参与者却不限于青年也不限于电影行业的人。在 3 届电影展观众评审团中，有退休的作家、有在职的警察、有在校的博士……各行各业老少汇聚，唯一的共同点是对电影的喜爱。

虽然卫轩没有成为第二届的观众评审，但她也没有错过家门口的电影展，她承担起"平遥一角"板块映后主持人的工作。2019 年，卫轩又被幸运地选中，第二次进入观众评审团。伴随着电影展来到平遥的第三年，卫轩说起她眼中电影展的改变和坚持。

改变的是电影展的人流量，卫轩说："从'小城之春'影厅就能看出来，今年我觉得只要遇到首映场，影厅基本都是爆满。说明咱们电影展的影响力出去了，知道和关注它的人越来越多。"

如果说平遥国际电影展是"卫轩们"的一次电影盛宴，那么品尝过这场盛宴的"卫轩们"又将是平遥国际电影展播撒在三晋大地上的一粒粒"种子"。作为教师，卫轩说她在第一届结束后，就把自己在电影展上的所见所闻所学转化成讲课的内容，教授给学生。在 2017 年，卫轩和办公室的一位同事报名参加观众评审，而到了 2019 年，办公室 8 个同事全都报了名！

对于自己与电影展的未来，卫轩说是否还能当观众评审并不重要，重要的是她会每年都来看电影、听大师班、和朋友喝咖啡聊电影。参与了 3 年的电影展，看了那么多青年导演自编自导的作品，她也默默给自己定下一个目标，要动笔写剧本。"3 年前我参与这个影展的时候，只是想默默做一个影迷、做一个老师，写写电影评论。但 3 年来看到很多青年导演的作品，我也想创作剧本。电影展给我最大的影响，就是让我有了创作的冲动。也许未来有一天，我会成为一个好编剧。"

山西老百姓偏爱逛文博

2017 年 8 月 24 日，第三届山西文化产业博览交易会在中国（太原）煤炭交易中心开幕。展馆内人头攒动，各种具有地方特色的演出吸引观众驻足拍照。参展的观众对本届文博会一致认可，对许多新科技的体验赞不绝口，对各个地方展区的特色表演也是连连称赞。

一位参观者说："文博会办得很红火，特别是地方特色的东西很多，值得我们老百姓多走走、多看看。"一位参展商表示，关于这届文博会的开放性元素，他认为新成立的山西文旅集团展区的文化旅游项目很有特点。另外，这次展会上出版行业"走出去"开展了一系列活动，也体现了本届文博会的开放元素和主题。谈及最感兴趣的展区时，他直言道："大同展区的文化创意产品以及 VR（虚拟现实）体验让我都很感兴趣。"

80 岁高龄的孙舒芳更关注佛学文化，她说："最喜欢的就是这

2017 年 8 月，第三届山西文化产业博览交易会现场

里的立体五台山展示。"她和几个朋友对全景立体风光展区印象不错。

张晓明大爷在展会中饶有兴致地参观，感慨地说："山西的文化产业办得挺好，我们老年人看了以后很高兴！希望文博会能办得越来越好！"

"我是带着孩子来的，希望可以在文博会多接触一些新鲜事物，像 3D 展区、特色展览、少年宫展览，我觉得都很不错，对孩子智力的开发很有帮助。"提到对文博会的印象，王强也是很激动。

"文博会是一个非常好的平台，不管是民间的工艺美术，还是文创产品都可以在这里展示给我们。"现场一位艺术类高校教师边走边看，"我比较关心山西的非物质文化遗产，还有一些现代的文创设计。今年文创这一块比较突出，基本上每个市区都会留出一块场地来展示当地的文创产品，特别好！"

《黄河》全球首演　观众惊叹看到立体黄河

"轰隆隆，轰隆隆"，黑暗中传来阵阵低沉的声音，犹如黄河的怒吼，急促而有力量。

灯亮了，空中突然惊现一条可以覆盖整个视野的黄色的河，它由天而来，在颤抖中倾泻而下，仿佛一路扬波夹带着泥沙、卷扬着罡风、震荡着天鼓。此时，一个、两个、三个，一群人陆续"跳进"这河里，在浊浪翻滚中逆流而上，在狂涛怒吼中奔跑前行……

时值中华人民共和国成立 70 周年、《黄河大合唱》诞生 80 周年，2019 年 9 月 14 日晚，由山西演艺（集团）出品、山西省歌舞剧院演出、著名艺术家张继钢导演的历时 10 个月倾力打造的舞蹈史诗《黄河》，终于在山西大剧院拉开了全球首演的大幕。当晚，能容纳 1628 人的山西大剧院座无虚席，来自全国各地甚至海外的观众聚集在这里，他们慕名而来，只为第一时间目睹一场前所未有的演出，体验一次母亲河带来的心潮澎湃！

当晚 7:30，演出正式开始。未见其人、先闻其声，黄河汩汩的水流声，将人们带回到黄河岸边，一个漂泊在河上近万年的老船，以内心独白的方式，缓缓讲述着这条河的故事、黄河人的故事、中国的故事。以诗句命名的《九曲黄河万里沙》《黄河之水天上来》《黄河入海流》三大乐章，则向观众呈现了一条生命之河、一条英雄之河、一条蓬勃向上的精神之河……

100 分钟的演出，掌声响不停，但更多是惊叹。这一晚，观众看到了太多的惊艳画面——泥塑居然"活了"，舞蹈可以在空中跳，"黄河之水天上来"是真的！

"演出中，不仅黄河水是流动的，那些文字也是流动的，就连我们的思绪也动了起来，感受着黄河的每一段经历。"

"地上的、空中的、周围的……不戴 3D 眼镜，我却看到了立体

2019 年 9 月，舞蹈史诗《黄河》首演现场

《黄河》创造了"大不同"的舞蹈世界，受到观众的一致好评

的黄河，惊天动地，壮阔无比！"

"真正感受到'黄河在怒吼''黄河在咆哮'，有一种'炸裂'感官的冲击性！"

······

演出结束后，大同大学舞蹈系 4 名学生兴奋地聚在一起，谈论观看舞蹈之后的感受："趁着中秋小长假，在太原看了《黄河》的首演，我们兴奋、激动。我们学的专业就是舞蹈，能看到这样一场史诗级别的舞蹈作品，而且是首演，真是太幸运了！舞台上那些成熟的舞者，用一场舞蹈，让我们这些'内行人'学了很多门道。而张继钢导演的出现更让我们惊喜，他是一座舞蹈界的山峰，让我们仰望，我们也想攀登，我们更希望有一天能够超越！"

退休职工王女士也是意犹未尽："今天我是和女儿、外孙女一起来看的。这场张继钢作品的首演，是女儿送我的一个难忘的中秋礼物。

我们都爱舞蹈，看了《黄河》，让我们更爱舞蹈！舞蹈演员用生命在跳舞，用舞蹈演绎生命，很多段落都让我感动得想落泪，一条河上千年的故事，打动人的情节太多，舞台的震撼力太大！"

体育生活 在运动中收获健康

"体育山西、健康山西，幸福山西"。在三晋大地上，群众身边的运动设施、运动场地、体育赛事日渐丰富，人们的运动意识和健康观念，也在政府的引导下不断增强和提升。全民健身，不但提高了百姓的生活质量，也让人们感受到了国家发展为普通百姓带来的巨大实惠，让百姓于运动中身心受益。

政策举措

2020 年，山西加大冬季冰雪场馆建设，开展国家"百城千冰"滑冰馆山西两个试点项目建设，满足人民群众参与、体验冰雪运动的需求。以迎接 2022 年北京冬奥会举办为契机，在大同、忻州、太原、晋中等地开展全省全民健身冬季冰雪系列推广活动，承办"老牛湾"全国大众马拉松速度滑冰比赛、"乌金山"全国大众滑雪比赛等冬季项目比赛，动员更多的人参与到冰雪活动当中。

2021 年，《山西省人民政府办公厅关于促进全民健身和体育消费推动体育产业高质量发展的实施意见》中指出，举办多层次的全民运动会，将比赛纳入"我要上全运"活动，通过全民运动会的举办，实现全省竞赛项目 50 个、全年比赛 20000 个、参赛人数 100 万人次的办赛目标。建立全省城市社区健身场地数据库，搭建"15 分钟健身圈"基础数据平台。支持兴建或改扩建贴近社区、方便可达的体育公园、全民健身中心、县级公共体育场中标准田径跑道和标准足球场、社会足球场等全民健身设施，以及户外运动营地、多功能运动场、健身广场、体育健身步道和公共服务设施等户外运动设施，推动航空飞行营地与学校体育场、体育产业基地、体育综合体、公园、旅游景区、旅游度假区等综合开发。

2021 年，《山西省全民健身实施计划（2021—2025 年）》通过。山西省体育局还与山西省发展与改革委员会、山西省卫生健康委员会等部门共同制定了 20 多项相关政策，推动全民健身活动、场地设施建设和组织培训等工作开展。

2014 年 9 月，太原国际马拉松开赛给山西体育注入新活力

数字成果

截至 2020 年底，山西省对外开放的各级公共体育场、体育馆和全民健身中心共有 347 个，实施免费或低收费向社会居民开放率达 99%；学校体育场地设施开放数量 1952 个，开放率为 34.17%；全省共建成足球场 2029 块，平均每万人足球场地 0.5 块。

全省移民新村全民健身路径工程也实现全覆盖，山西省体育局按照"体育助力脱贫攻坚"的思路，实施全民健身设施"精准扶贫"，投入资金 4000 余万元，为全省 1271 个移民新村建设体育设施，为 145 万移民新村群众健身提供了便利。

2021 年，山西开始新建和改扩建"形式多样、亲民便民、休闲健身"的社区全民健身中心，已完成 20 个建设任务，并计划用 5 年时间建

太原市水上运动中心

太原市滨河体育中心

设完成 100 个。

2021 年，全国国民体质监测工作中，山西省国民体质合格率达到 93% 以上，超额完成"健康中国考核"任务指标。2800 多人参加"我要上全运"第十四届全运会群众赛事活动，全省有 15 个大项选拔赛，市级选拔赛参赛人数达到 3000 余名。开展全省群众文化体育活动，举办 12 项赛事，35000 余人次参加县级海选赛和市级复赛。全省经常参加体育锻炼的人数占比达到 36.4%，全省人均体育场地面积达到 2.31 平方米。

幸福故事

竞赛场也是群众的锻炼场

"907、908、909……" 2021 年 10 月 25 日清晨，山西省体育场

二号入口的客流量监控显示屏上，今日运动人数一栏的数字不断攀升。不论在场内跑道、健身器材上，还是足球场、小广场上，到处都是健身的群众，打太极拳、跳健身操……每个人都享受着健身带来的愉悦。

与此同时，一支由 70 位幼儿园小朋友组成的研学队伍出现在山西体育中心，他们将走进各个训练馆进行参观。

站在跑道上，感受一下运动员的视角；自行车馆里，看小轮车飞驰而过；射箭运动场边，为正在训练的运动员加油助威；在游泳馆里，看健儿挑战自我……这样让孩子们走进山西体育中心的活动，自 2021 年 4 月以来已举办了 10 场，累计参与人数达 6000 人次，累计接待活动家庭近 1000 组，其中包括"阳光少年行"系列惠民体验研学活动、"防溺水·进校园"主题安全教育活动、游泳公开体验课程等。此外，中心园区日均接待健身锻炼的群众 1900 人次以上。

太原市一南一北、一新一旧两座大型体育场，每天都迎接着来自四面八方的人们，每天都为群众提供能近距离接触体育的场地。

冬奥会带来冰雪运动热

冬奥会为冰雪产业的蓬勃发展提供了更广阔的空间。山西多地抢抓机遇，放大冬奥效应，驱动冰雪经济火热发展。

2022 年 1 月 15 日，大同万龙白登山滑雪场艳阳高照，10 多条雪道银光闪闪，虽然温度在零下 13 摄氏度，但滑雪爱好者的热情不减，矫健的身影先后从海拔 1200 多米的山顶上飞速滑下，展现出了冰雪运动的美感和特有的魅力。

专为娱雪者设计的由雪雕长廊、雪地转盘、雪地迷宫、雪堡乐园、雪地摩托组成的娱雪公园和雪圈区成了孩子们欢乐的海洋，他们尽情地玩雪、体验各种娱乐设施，感受着冰雪运动的魅力。

万龙白登山滑雪场副总经理介绍，滑雪爱好者来自大同本地和山西朔州市、忻州市、太原市，以及内蒙古、河北，大多是滑雪的初级体验者。"随着冬奥会举办的日益临近，滑雪场的人流激增，最近这段时间周六日的客流量达到了1800多人次，非常火爆！与往年相比，冰雪运动的参与者翻了一番，2022年的客流量预计将达到15万人次！"副总经理说。

滑雪作为一项全身运动，给人带来速度享受的同时，也锻炼人的平衡能力、协调能力和柔韧性。很多家长送孩子参加滑雪培训，不仅是为了强身健体、培养兴趣爱好，还想让孩子们拥有一项一辈子可以参与的运动。家长吕润生说，教育"双减"政策实施后，让孩子有了更多时间接触户外运动，滑雪这项运动不仅能够培养孩子自信阳光的气质，更能塑造孩子坚强、勇敢、自律的性格，让身心得到双重锻炼。

人文旅游篇

20 世纪 60 年代，一曲《人说山西好风光》风靡华夏大地，唱响大江南北，自古就有"表里山河"之称的山西，更加声名远扬。

山西，形状像一片树叶，外河而内山，西以黄河与陕、蒙划界，东以太行山与冀、豫区别。在这样一片神奇沃土之上，中华文明得以孕育发祥，厚重的文化资源得以荟萃。

岁月流转，气象万千。从无到有，从有到优，从小众享受到大众休闲……中华人民共和国成立至今 70 余年间，山西悄然勾勒出了一条极具本土特色的文旅发展脉络，成为世界各国游客喜爱的旅游目的地之一。尤其是近几年，山西文化旅游品牌的影响力、美誉度更是持续扩大，全省接待国内旅游者数量、旅游总收入等均呈现出喜人的态势。

党的十八大以来，旅游业赋能全省小康社会建设的效用日益突显。"十三五"时期，山西共实现旅游收入 27283.03 亿元，年均增长 24%……在持续推动五台山、平遥古城、云冈石窟三大世界文化遗产的文化内涵深挖、产品业态丰富的基础上，山西强力锻造黄河、长城、太行三大旅游板块，旅游产业格局得到重塑性优化。"旅游+""+旅游"蓬勃发展，乡村旅游、红色旅游、体育旅游、工业旅游、研学旅游等不断涌现，一批新业态成为国家旅游示范基地（区）。山西成为第 8 个全国全域旅游示范省创建单位，洪洞、阳城、平遥等 7 个县（市、区）被认定为国家全域旅游示范区，进入全国第一方阵。

可以预见，在大旅游发展的格局下，在山西省委、省政府的高度重视下，未来山西旅游业会有更加出色的表现。

乡村旅游　好风景就是"好钱景"

山西的乡村有着优美的田园风光、恬静的生活环境，更集聚了全省 70% 的旅游资源。

"十三五"时期，山西省相继出台了一系列乡村旅游政策举措，极大地推动了乡村旅游的标准化和规范化发展。

政策举措

2016 年，《山西省乡村旅游客栈标准（试行）》《山西省乡村旅游客栈服务规范》《山西省乡村旅游景区标准（试行）》《山西美丽宜居乡村建设规范》等出台。

2018 年，《山西省加快发展乡村旅游的实施意见》《山西省旅游扶贫示范村工作方案（2018—2020）》等颁布。

2019 年，《山西省乡村旅游示范村等级划分与评价标准》《黄河人家、长城人家、太行人家基本要求与评价标准》等出台。

数字成果

2016 年以来，山西省通过旅游扶贫带动 18.12 万人脱贫，带动脱贫率约 8.22%。

2020 年，全省休闲农业和乡村旅游接待人数 3500 万人次，营业额 50 亿元以上，带动 15 万农户，吸纳 22 万农民就近就业，实现农副产品销售收入 20 亿元。

截至 2021 年，山西省培育出 100 个 3A 级乡村旅游示范村、300 个旅游扶贫示范村，评定"黄河人家、长城人家、太行人家"336 家，7 村 3 镇纳入全国乡村旅游重点村镇名单。

幸福故事

村民有赚头　游客有看头

过去挡在家门前的大山，摇身一变成了吸引游人的秀美风光；以

晋中市太谷区"留住山西"风情小镇

往不入眼的吃食、民居，包装一新成了城里人追捧的"香饽饽"……如果有人问这几年山西哪里变化最大？"乡村"是最能引发共鸣的答案之一。

如今，在山西，"脏乱差"早已不是乡村的代名词，取而代之的是静美和安逸。一业兴，百业旺。三晋大地上，形式各异的乡村旅游不仅是村民致富的"金钥匙"，更成为乡村振兴的有效途径。

标杆打造 "深闺"山村迎来八方游客

"这里有山有水，空气好，环境也好。""这里的花椒、柿子饼、核桃等山货特别绿色，特别正宗。"……近几年，山西长治市平顺县的大山深处，有一个位于海拔 1300 米的"空中村落"因乡村旅游热闹了起来，它就是岳家寨村。

地处太行山巅、"太行天路"尽头的山西省长治市平顺县石城镇岳家寨村，是一个依托乡村旅游完成华丽蜕变，进而点亮"乡村振兴梦"的"模板村"。岳家寨村先后入选山西首批 100 个 3A 级乡村旅游示范村、第三批全国乡村旅游重点村。

岳家寨村地理生态独特，自然风光优美，村域内悬潭飞瀑、云雾

缭绕，被赞誉为人间仙境。然而，因地形和空间的限制，岳家寨村长期与外界隔绝，村民们守着"金饭碗"却过着苦日子。

近些年，结合自身生态资源，岳家寨村以特色农业和生态旅游为重要抓手，定位发展乡村旅游，大力发展休闲度假、旅游观光、农耕体验、农业创意、乡村手工艺等农业特色产业，体验经济、电商经济、民宿经济等一批新业态破茧而出，"空中村落"大美风景吸引着越来越多的人前来欣赏。

"截至目前，慕名而来的游客累计达到 100 万人次，旅游经济收入达到 1 亿元。同时，还拉动了景区周边乡村游和县域经济的发展，有效发挥了旅游富民的功能作用。"岳家寨村党支部书记的话语间透露着自信。

这样的事例在山西不胜枚举。近年来，山西省文化和旅游厅联合多部门评定了首批乡村旅游示范村 100 个，观光休闲型、文物古建型、客栈民宿型、文化遗产型、农俗体验型、研学科考型等不同类型的乡村旅游成为各地的"金字招牌"，为乡村振兴添金又增彩。

旅游扶贫 贫困村走上小康路

乡村旅游，一头连着绿水青山，一头连着金山银山。如今在山西，曾经的贫困村不但摘掉了"穷帽子"，还一个个成了远近闻名的旅游打卡地。小康路上，旅游扶贫大显身手。

2021 年初秋的一个清晨，当第一缕阳光洒向溪流潺潺的太行山大峡谷时，山脚下的桥上村苏醒了。村里，贾保成坐在自家客栈门前，笑着和早起登山的背包客们打着招呼。3 层小楼，12 间客房，房前花木簇拥，屋后青山环绕……尽管处在高山峡谷之中，但他的"客来香"客栈生意依然红火，暑假期间每天客满，纯收入达到 6 万多元。

桥上村地处长治市壶关县太行山大峡谷旅游区中心腹地，曾是典型的山区贫困村。多年前，200 多户村民只能依靠农耕和外出务工养家糊口。现如今，伴随着当地旅游资源的开发，桥上村成为远近闻名的绿色生态旅游村，被评为"山西最美旅游村""山西省美丽宜居示范村""山西省首批旅游扶贫示范村"，村民们的生活也发生了翻天覆地的改变。

晋中市左权县，地处太行之巅，群峰环绕，森林茂密，泉溪众多，美不胜收。旅游资源丰富的这里，却偏偏"酒香巷子深"。"十三五"时期，《左权县乡村旅游扶贫规划》实施，左权县以"百里画廊"、太行一号旅游公路沿线为主轴，深挖红色景点、绿色山水、生态庄园、民俗文化等资源，全面提升旅游产业减贫能力。

截至 2021 年 4 月，左权通过农家乐及民宿客栈建设带动农户846 户 2508 人脱贫，人均增收 2200 余元。目前，该县 280 多处景点已连线成片，形成路景融合的全景旅游循环圈，尤其在道路交通工程建管方面，优先吸纳建档立卡户劳动力，直接受益贫困人口 2150 人，年人均增收 6200 元。

好风景变出好"钱景"。从 2018 年起，山西聚焦"黄河、长城、太行"三大板块贫困地区，用三年时间打造出 300 个旅游扶贫示范村，全面推进贫困地区旅游产业发展，有效带动贫困人口脱贫增收。

活态运营　丰富体验留住游客乡愁

吕梁市汾阳市贾家庄镇贾家庄村，一个"看得见山水、记得住乡愁"的村庄，随着贾街和文化创意园区打造，这里成了周边游客休闲游玩的"明星打卡地"。

近年来，贾家庄村因势利导、活态运营，让村里的特种水泥厂转型为文化创意园，走出了一条农业、文旅融合发展之路。特别是该村与贾樟柯导演联手打造的贾樟柯艺术中心、种子影院的成功运营，使当地的文旅产业更具发展活力。

晋城市阳城县润城镇中庄村也是一个靠乡村旅游活态运营"脱胎

吕梁市汾阳市贾家庄成为山西乡村旅游发展的典型代表之一

换骨"的鲜活例子。中庄村是一个有着 1500 多年历史的古村落，如今，中庄村遵照"四朝古村、民俗中庄"的开发理念，形成了集吃、住、游为一体的乡村旅游品牌。传承当地饮食文化的"八八宴"撩动着游客的味蕾，独具说唱艺术的中庄秧歌呈现给游客另一种风情。

"游古村、住古堡、品八八、看秧歌，在中庄村一下子能够品味到这么多特色文化，真是让我们大开眼界。"前不久，来自临汾的刘琳女士高兴地说。乡村游让昔日的古村焕发出新的勃勃生机。

近几年，山西在发展乡村旅游的同时，也在不断地为乡村注入文化灵魂，保留乡村原真性，进行活态化运营，留住游客记忆中的乡愁，塑造乡村旅游独特的发展模式。

全域旅游 绘就山西旅游新蓝图

自全域旅游概念提出后,全域旅游融合发展的战略便在三晋大地上落地生根,陆续开花结果。近年来,随着全域旅游示范区建设的推进、三个一号旅游公路的开通、旅游业与多产业融合的加深,山西全域旅游愈发绽放出多彩迷人的魅力和活力。以点带面,多点发力,山西全域旅游新蓝图正徐徐绘就。

政策举措

2016年,山西省提出打造山西全域旅游新蓝图的发展目标。

2017年,山西省正式提出"黄河、长城、太行"三大旅游板块新品牌战略,并编制了三大旅游板块规划纲要。同年,《国务院关于支持山西省进一步深化改革促进资源型经济转型发展的意见》印发,明确指出,山西到2020年初步建成国家全域旅游示范区。

2018—2019年,山西省先后出台了《山西省黄河、长城、太行三大板块旅游发展总体规划》《2019年锻造三大板块推进全域旅游发展行动方案》等,全力推动三大旅游板块隆起。

2019年山西省政府工作报告中称,要积极创建全省域国家全域旅游示范区。

2020年，是山西省黄河、长城、太行三大文旅品牌建设年，山西精准实施"三大品牌"行动方案，编制长城、黄河国家文化公园建设（山西段）规划，对接落实太行山旅游业发展规划。

2021年，《山西省人民政府办公厅关于创建国家全域旅游示范区的实施意见》发布，旨在推进文化和旅游业在改革创新、供给体系、公共服务、秩序与安全、资源与环境、品牌影响等方面取得实质性突破，努力创建全省域国家全域旅游示范区，助力全省高质量高速度发展。

数字成果

2019年9月，山西省临汾市洪洞县、晋城市阳城县和晋中市平遥县3个县入选首批国家全域旅游示范区。同年11月，山西获批成为全国第8个省级国家全域旅游示范区创建单位。

2020年国庆假期，依托3个一号旅游公路和乾坤湾、老牛湾、王莽岭3个景区，山西黄河、长城、太行3个一号旅游公路"0km"标志文化驿站正式对外开放。同年12月，山西省晋城市泽州县、长治市壶关县、运城市永济市和长治市武乡县等4个县（市）入选第二批国家全域旅游示范区。

截至2021年9月，黄河、长城、太行3个一号旅游公路建成4087公里，建成"城景通、景景通"示范路段1876公里。

城、太行三个一号旅游公路和乾坤湾、老牛湾、王莽岭三个景区，集文化宣传、深度体验、创意景观为一体，以"0km"标志景观石为中心，结合周边环境，挖掘文化元素，建设旅游标识文化驿站。

"感觉太棒了！不仅有房车营地、直升机低空旅游、3D数字体验、主题雕塑等现代时尚旅游业态，还能让游客歇脚、打卡留念。"太原资深驴友闫海波发出由衷赞叹，"驿站将旅游公路和公路旅游融合起来，成为体验山西自然风光和历史文化的大厅，从此，山西又多了一处旅游打卡地。"

"0km"标志文化驿站只是三个一号旅游公路建设的一环。2018年，《山西省黄河、长城、太行三个一号旅游公路规划纲要（2018—2025年）》中提出用8年时间建设旅游公路13024公里，在全国率先建成各种交通方式互联互通、结构合理、设施完善、功能齐全、特

晋中市左权县太行一号旅游公路

晋城市王莽岭

色突出、服务优良的全域旅游交通网，形成主线串联、支线循环、连线成网的"城景通、景景通"全域旅游一张网。

产业融合 "旅游+"加出旅途更多美好

为全力锻造黄河、长城、太行三大旅游新品牌，全面构建全域旅游发展新格局，山西通过"旅游+"的多产业融合，延伸着游客的文旅消费链。

"《再回相府》以古人、真事、原景为创意，看完演出，感觉离皇城相府更近了，离历史更近了。"2020年11月，来自河南的尉小姐和爱人前往晋城市旅游，让他们印象最为深刻的就是这次"实景演艺+体验融入"的夜游体验项目。《再回相府》作为山西文旅集团开发的旅游演艺项目，是企地合作、产业融合的全新模式，也是山西在全域旅游方面的一次探索。

此外，《又见五台山》《又见平遥》这些高品质的文化演艺节目，同样让游客放慢了脚步，延长了在景区的逗留时间。

《又见平遥》深受游客好评

通过推进旅游与农业、工业、研学等产业融合发展，山西省诸多全域旅游示范区及景区实现了从景点景区旅游向目的地旅游的转型。一趟旅程，花样体验，游客收获着"旅游+"的别样美好。

智慧旅游　拓展旅游新场景

在线预约门票，景区智能导览……近年来，随着 5G、大数据、人工智能、虚拟现实等技术的快速发展和创新应用，智慧旅游的建设正在不断拓展旅游新场景，山西也搭乘新技术的快车，打造全新的游览体验，构建着智慧旅游生态圈。

政策举措

2013 年 7 月，山西启动智慧旅游项目建设，包括智慧管理、智慧通信、智慧服务、智慧景区等多个子项目，首批加入智慧旅游的景区景点包括山西皇城相府等，游客通过手机预装"山西旅游"官方客户端，即可享受各种旅游信息服务。

2014 年，山西启动"2014 美丽中国之旅——智慧旅游年"，继续发力智慧旅游项目建设。

2016 年，山西重点推动景区智慧旅游发展，推动全省重点景区、旅游大巴、星级饭店免费 Wi-Fi 全覆盖。

2020 年 3 月，《山西省智慧旅游云平台融合推进实施方案》发布。4 月 30 日，作为山西省智慧旅游云平台的子平台，"游山西"App 上线试运行，全省上云涉旅单位、A级景区、星级酒店、旅行社等达到1400余家，同日，"晋游码"上线，将面向全省为游客提供全省景区、公园、文化、演艺等公共场所的登记、预约、快速通关等便捷服务。

2021年3月，山西省发布《关于加强旅游景区5G网络建设的通知》，积极推进旅游景区公共资源开放，着力推进黄河、长城、太行三大旅游板块5G网络覆盖，力争在3年内基本实现全省4A级及以上旅游景区、省级旅游度假区智慧化转型升级。

数字成果

2020年6月，文化和旅游部科技教育司发布了《2020年度文化和旅游信息化发展典型案例名单》，山西省智慧旅游云平台成功入围。

截至2021年11月，山西省智慧旅游云平台共建设市级分中心6个，按市级标准建设县分中心1个，接入景区200家，计划将在2022年3月实现省、市、县三级平台的共联共通。智慧旅游云平台子项目"游山西"App及小程序注册用户总量突破536万人。

幸福故事

智慧文旅　联通美好旅程每一步

景区智慧化、场馆科技化、出游智能化……当前山西智慧旅游，正从大有可为转向大有作为。山西智慧旅游已经"武装"到游客美好旅程的每一步。

景区智慧化　游客开启超时空新旅程

"太精彩了，自己就好像一只大鸟，振翅飞翔在家乡的上空，腾云驾雾、翻山越岭、漫游四季，真是一场奇妙的旅行。" 换个视角，风景大不同。2021 年底，太原市民李轶趁着周末休息，领着孩子到太山景区游客服务中心裸眼球幕影院，体验沉浸式 VR 影片《飞越山西》带来的旅游新体验。

《飞越山西》是一项高科技沉浸式文旅体验项目，从清凉胜地五台山到历史名城平遥古城，从气势宏伟的云冈石窟到壮阔磅礴的壶口瀑布……12 分钟的时间里，游客在精卫鸟的引领下，"飞越"山西的名山大川，从万米高空俯瞰表里山河的壮美。

近年来，山西高标准推进文化和旅游与科技融合，坚持科技赋能、创新驱动，加速旅游景区智慧化建设，大力发展"云旅游"线上新业态，进一步提升游客的体验感、安全感、满意度。

云冈石窟利用科技推动景区数字化转化和创新性发展，通过 PC 端、手机端、智能导览等实现线上线下联动，为游客提供沉浸式旅游体验。其中，"Hi 游云冈"智慧旅游小程序整合景区资源，将游、玩、学板块集于一体，实现游客体验智能化；AR 智能导览大屏让游客通过 3D 虚拟技术 360 度欣赏云冈石窟全景……

云冈石窟还与浙江大学文化遗产研究院合作完成了全球首例可移动、等比例、高精度 3D 打印复制工程，将世界文化遗产云冈石窟第 12 窟原真呈现。如今，被"复制"的云冈石窟已走出家乡到各地展览，让更多人领略云冈石窟的艺术魅力。

随着 5G 技术的快速发展以及 AR、AI、大数据等技术的广泛应用，游客与景区、文物、历史正以一种前所未有的方式交互，极大丰富着文化和旅游产品的内容呈现。

场馆科技化 一馆"云游"千年历史和大美风景

"这是实物还是投影？""这里居然有道门？""这里剪纸像科幻电影里的未来世界！"2021 年夏天，初次走进山西文旅数字体验馆的太原市民任明亮一路询问着讲解员，一路惊叹着科技旅游的无限魅力。

"如梦似幻"是任明亮走进体验馆的第一印象。沉浸式镜像长廊中，长城古朴、黄河奔放、太行雄奇；光影隧道里，先祖在西侯度点燃第一支火把；伫立巨幕前，感受风从壶口吹来，看黄河奔腾汹涌从脚边流过；戴上 VR 设备，仿佛置身实景，走过千年历史，一览壮美三晋……不到 1 小时的时间里，任明亮已经将大美山西"玩"了个遍。

山西文旅数字体验馆是由山西文旅集团承建的国内首座省级文化旅游融合的数字化综合体验展馆，是文旅集团以数字化手段提升文旅体验的一次生动实践。

体验馆以"华夏古文明，山西好风光"为主题，于 2019 年 10 月 11 日开馆运营，被评为 2020 年"文化和旅游融合发展十大创新项目"。2021 年 11 月，该馆成功入选国家文化和旅游部首批旅游科技示范园区，当年 11 月 26 日，山西文旅数字体验馆国家科技旅游示范园区正式挂牌。

"每个展区都蕴藏着深厚的历史文化底蕴和精巧设计，每走几步就想停下来互动，一路互动下来，对山西的了解又深了很多。"任明亮对馆内的互动项目赞不绝口。

依托山西文旅数字体验馆这一阵地，"体验馆 +"科普观摩、体悟实践、双语研学等已成为旅游消费者、涉旅企业、政府谋合作、谋发展的桥梁，深受大众喜爱。

出游智能化 一机在手畅游全山西

2020 年 4 月 30 日，随着"游山西"App 的上线试运行，游客可以在一个 App 内轻松买门票、订酒店、找线路、买伴手礼……满足游客在山西"吃、住、行、游、购、娱"全过程旅行需求。

"游山西"App 涵盖山西旅游、美食、文化、购物、体育、交通、康养等方方面面，通过热点资讯、网上游、预约服务、旅游年卡、先游后付、订门票、品美食、精品线路、公共交通、享特惠、住酒店、买特产、看演艺、票务、城市服务等 10 余个高频快捷入口，游客可通过"游山西"App 获得高品质文旅产品和全过程服务体验。

"游山西"App 仅仅是山西省智慧旅游云平台的子项目之一。2021 年 11 月正式启动的山西智慧旅游云平台是围绕"三个面向"提供"三位一体"的云服务：面向政府建设"管理一张网"，为政府管理者提供文旅产业监测、行业监管、舆情预警和投诉受理等服务；面向企业建设"运营一平台"，建设完成景区同业分销平台、旅行社交

长治市壶关县八泉峡景区不断加快智能景区建设以方便游客游览

易平台和文化旅游场所预约预订平台，帮助企业降低成本，提供精准营销，提高运营收益；面向游客建设"服务一机游"，建设完成"游山西"App应用，为游客提供权威的山西旅游资讯、实时的景区5G直播、高效的旅游投诉处置、便捷的导游导览服务和旅游要素产品预订服务，结合节假日、用户画像、特色主题，构建游山西营销矩阵，通过数字化营销手段实现旅游综合服务，让游客"一机在手、畅游山西"。

产业升级　旅游服务标准更高质量更优

旅游产业是充满活力的朝阳产业，山西抓住机遇，开启转型升级的加速引擎，坚持政策扶持带活旅游业，依靠品牌塑造提升知名度。为此，山西省一直积极推进文化和旅游业提质增效工程，高质量推进山西旅游标准化建设。

政策举措

2013 年，山西启动实施核心景区提质工程，通过打造五台山、云冈石窟、平遥古城等十大核心景区，带动、辐射其他景区，从而带动全省旅游产业整体上档升级。

2018 年，山西省旅游标准化技术委员会成立，发力推进全省旅游标准化工作，全面提升旅游标准化水平，促进经济新常态下旅游业的改革创新和提质增效。

2019 年，山西省进行 A 级旅游景区整改提质行动，对全省 A 级旅游景区开展全覆盖、体检式复核检查。同年 12 月，《山西省人民政府办公厅关于全面提升旅游服务质量和水平的实施意见》发布，提出实施龙头景区带动、产品业态创新、公共服务提升、服务要素优化、

国家 5A 级旅游景区大同云冈石窟

市场环境提升、政策措施保障六大行动，全面提升游客的便利舒适度、体验满意度和品牌认同度。

2020 年，为进一步指导和规范全省旅游景区标准化建设，提升服务质量和管理水平，山西省先后下发《山西省 5A 级旅游景区培育计划》《山西省文化和旅游厅关于加强全省 A 级旅游景区创建工作的通知》等。

2021 年，山西省打出提升旅游市场服务质量一系列组合拳，山西省文化和旅游厅制定出台《加强旅游服务质量监管提升旅游服务质量行动方案》，通过七大行动，全面建设高标准旅游市场体系。不断推进 A 级旅游景区"安全质量、服务质量、环境质量"三提升工作。

数字成果

通过一系列景区提质增效工程和标准化建设，山西旅游市场主体进入蓬勃发展时期，A级旅游景区队伍不断壮大。截至2021年9月，全省A级以上旅游景区达237家，其中5A级旅游景区9家，4A级旅游景区109家，星级饭店234家，旅行社939家，持证导游1.9万余名。

幸福故事

景色更美　服务更细

景区风景美不美？旅游体验好不好？最有发言权的是每一个到景区游览的游客。山西旅游资源丰富，资源品位高，但在过去一段时间，游客满意度并不高。

近些年，山西发力在景区的游客满意度上做文章，积极推进文旅业提质增效工程，高质量推进山西旅游标准化建设，各景区纷纷掀起品质提升行动新高潮，硬件和服务提档后的山西景区焕发着新的生机，游客的旅游体验感、获得感、幸福感实现"质"的提升。

全方位提质　旅途获得感实现"质"的升级

2021年6月的太原市晋源区，郁郁葱葱，生机勃勃。踏上依山而建的天龙山公路，穿过热门打卡地网红桥，森林覆盖率位居华北地区前列的天龙山自然保护区里，"春有花、夏有绿、秋有色、冬有景"，钟灵毓秀、美不胜收……

过去的天龙山由于大型采石场的开采，两侧山体出现多处破坏面，水土流失严重，自然环境受到破坏。为尽快恢复生态环境，提升游客体验，2018 年 3 月，天龙山启动实施"天龙山景区提质工程"。

绿化工程是天龙山旅游公路提质的重要部分，该工程将绿化、彩化、财化"三化"有机结合，以园林景观的思路进行山体修复，根据天龙山原有植物生态布局特点，在树种选择上向原生态靠拢，形成自然式植物群落。以欧洲月季为主基调，分层级、分节点推进天龙山绿化、彩化、财化工程。"网红桥"作为"云端上的旅游公路"，以青山为背景，桥体为骨架，将现代建筑与园林花卉自然结合，在原有绿化基础上种植色彩鲜艳的月季花，形成漫山遍野、花团锦簇的"网红花海"，并用和平鸽翅膀作为网红桥设计元素，寓意"展翅飞翔，龙城飞跃"。俯瞰两座桥体，犹如一双翅膀展翅招手，昭示着晋源区文旅产业插翅腾飞的广阔前景。

天龙山景区提质工程完工后，景区游览面积大幅增加，旅游体验也有更多选择。开放后的天龙山景区成为周边游客游玩的必选地之一。和天龙山景区一样，提质工程已经成为山西诸多景区近几年的必修课。通过全方位的提质扩容，越来越多的景区焕发出新的生机，吸引游客纷至沓来。

精细化服务　满足多样化产品需求

"现在，从晋城市区到皇城相府景区，乘坐景区直通车，票价才2 元，而且车次多，非常方便快捷。"2020 年 5 月 19 日，从山东回晋城探亲的胡艳一家人，去皇城相府度过了一个愉快的假日。

胡艳说，多年前她也曾来过皇城相府，但现在感觉跟之前大不同。完善的基础设施和智能化的服务，加上一些精彩的演艺和参与性强的体验项目，比如汉字听写、陈氏家训分享、古代科举考试体验等活动，让人感觉耳目一新。而目前推出的玻璃旋转漂流、北国第一玻璃天桥、高空秋千、七彩滑道等生态园项目，更适合亲子游群体。之前，景区周边的"黑车""黑导"，以及欺客宰客现象等时常出现，而现在她感觉景区的秩序非常好。

胡艳还称，司徒小镇也是一个很值得去的地方。她说："景区针对儿童客群推出的儿童实景体验剧《白雪公主和七个小矮人》，以寓教于乐的方式让孩子参与其中，孩子们回家后还意犹未尽。"

司徒小镇景区立足融合发展，深挖当地特色元素，在"特"字上做文章，以著名晋城作家赵树理的同名小说创作改编，打造了行进式互动实景体验剧《小二黑结婚》。游客不仅可以观看演出，还可以换上那个年代的衣服参与剧中表演，市场反响非常好。

皇城相府和司徒小镇提升整体服务水平、丰富景区产品、满足多元需求的做法，是山西省旅游景区不断练好"内功"，提升服务品质的一个缩影。

近年来，为提升游客满意度，晋城率先开通晋城至长治、郑州、焦作、济源的城际公交线路，推动运行"公交 + 旅游 + 快递"项目，并率先推进"农林文旅康"业态融合发展，满足游客多样化的产品需求；运城市则把当地优秀的文化旅游资源"串珠成线"打包呈现，塑造高品质的文旅"产品包""景点群""线路套餐"等，顺应市场需求和交通格局等新变化趋势。

标准化管理 游客满意度不断提升

进入停车场，身着工作服的景区工作人员站在车前引导游客停车；进入景区后，拿出手机扫一扫二维码，就能轻松玩转整个景区，体验智慧旅游的乐趣；工作人员在清扫时遇到游客经过，大约 3 米远就停止作业，并微笑问好……在洪洞大槐树寻根祭祖园，小到一个垃圾桶，大到景区的整体环境建设，处处都有标可循。

大槐树景区作为山西省旅游服务标准化的标杆，标准化管理已成为景区提质增效创新发展的一大亮点。2006 年以来，景区积极探索标准化管理，在服务全过程中始终贯穿标准化，2008 年制定了省内旅游行业代表性的地方标准《山西洪洞大槐树寻根祭祖园景区旅游服务规范》；2009 年建立了企业标准体系；2014 年被国家标准化管理委员会公布为国家级旅游服务业标准化试点；2018 年 1 月被国家标准化管理委员会评为"2018—2019 年度国家级服务业标准化示范项目"，成为山西省首家获此殊荣的单位，并于 2020 年 9 月顺利通过终期评估。截至 2020 年，景区运行标准 383 项，民俗饭店运行标准232 项，旅行社运行标准 149 项，标准化管理已经实现了景区经营、服务、管理、建设全覆盖。

大槐树景区坚持以标准化促发展，形成了典型的"大槐树品牌现象"。2012 年以来，景区陆续对旅游交通、游览设施、旅游安全、卫生环境等方面进行对标对表、提升改造，景区先后荣获"国家 5A级旅游景区"等百余项重大品牌荣誉。景区立足移民、寻根、回家等

国家 5A 级旅游景区洪洞大槐树寻根祭祖园

文化主题要素，开拓"标准+非遗""标准+文创""标准+演艺"等活化历史活动；成功举办了 30 余届寻根祭祖活动，开发了 1000 余种文创产品、200 余种地方土特产，编排推出了 16 种文化演艺节目，收集家谱、族谱 12000 余册，整理出版了 100 余种文化书籍，举办了大槐树中国年、孝文化节等 10 余种文化主题活动，景区已打造成为全国独有的"回家"标准化旅游服务品牌。景区游客满意度从 2015 年的 96.34% 上升为 2019 年的 98.79%，景区游客人数和综合收入也以平均 15% 的增速逐年上升。

同样，在皇城相府日常管理工作中，管理部门坚持以国家 5A 级旅游景区评分标准为依托，成立日常检查小组，进一步提高管理水平、服务水平。2018 年 12 月，皇城相府被确定为国家级服务业标准化试点。为使标准更规范、更有实效性，2019 年，皇城相府重新建立了标准化工作机构，制定标准化实施方案、计划、阶段目标，并收集、整理国家标准 42 个、行业标准 7 个、地方标准 1 个，作为景区各部门服务的参照标准，为全面提升旅游服务提供制度依据和保障。

经过多年的尝试和探索，标准化已成为推动山西景区提质增效、科学发展的"新引擎"。前来山西的游客，也在感知着景区标准化建设的成果，大家放心旅游、安心消费，真正体验到"华夏古文明，山西好风光"。

生态环境篇

"环境就是民生，青山就是美丽，蓝天也是幸福。"今日山西，蓝天白云常相伴、一泓清水向南流、绿岸青山绕大地……

绿色发展是立足新发展阶段、贯彻新发展理念的重要标志，是山西转型发展的内在要求。多年攻坚，全省蓝天、碧水、净土"三大保卫战"取得积极成效：

"山西蓝"成为常态；"汾河水量丰起来、水质好起来、风光美起来"的目标正在加快实现，汾河流域国考断面全部退出劣Ⅴ类，实现了"一泓清水入黄河"；山西受污染耕地安全利用率达到 97.5%，污染地块安全利用率达到 100%，超额完成"两个 90%"的目标；绿色矿山让矿工过上幸福生活；城市里的公园是乐园更是生态园……

党的十八大以来，山西全方位、全地域、全过程开展生态文明建设，改善生态环境，建设美丽山西，人民群众的生态环境获得感、幸福感、安全感显著增强。

污染防治　生态环境持续向好

多年来，山西省深入开展空气质量巩固提升行动，着力从单因子治理向多污染因子综合控制转变，以解决重化工企业集中、煤炭采暖污染、重柴油货车排放和抛洒污染、城市扬尘和露天焚烧燃放污染等问题为重点，多手段联合推进，实施二氧化硫、氮氧化物、颗粒物、挥发性有机物等污染物协同管控。终于，让"山西蓝"成为常态。

政策举措

1996 年，《山西省大气污染防治条例》颁布，为山西省依法开展大气污染防治工作、促进大气环境质量持续改善，发挥了重要的法治保障作用。

2013 年，国务院印发《大气污染防治行动计划》，即"大气十条"。之后，山西省对《山西省大气污染防治条例》进行了多次修订。

2020 年，《山西省打赢蓝天保卫战 2020 年决战计划》发布，精准对标打赢蓝天保卫战目标任务，促进全省环境空气质量持续改善，协同推动经济高质量发展和生态环境高水平保护。

2021 年，《山西省空气质量巩固提升 2021 年行动计划》发布，

2012 年夏日，蓝天白云映衬下的太原五一广场上人们开心游玩

部署开展全省环境污染防治暨高铁高速沿线环境综合整治专项行动，紧盯夏季和冬季特征性污染以及高铁高速沿线环境整治，部署了包括散煤清洁化替代、工业污染深度治理、臭氧削峰、清洁运输整治、违法排污动态清零等 10 项重点任务。

在大气污染防治方面，山西坚持"转型、治企、减煤、控车、降尘"五管齐下，"产业、能源、交通、用地"四大结构持续优化，建立完善太原及周边"1+30"区域联防联控，开展夏季臭氧污染治理攻坚、秋冬季大气污染综合治理攻坚等专项行动。

数字成果

2021年，PM2.5年均浓度降至39微克/立方米，首次进入"30+"，同比下降15.2%，是"十三五"以来改善幅度最大的一年。

2021年，优良天数比例达到72.1%，同比增加1.1个百分点，再创新高。

2021年，重污染天数比例降至0.5%，首次进入千分位，向基本消除重污染天气迈出坚实一步。

2021年以来，全省11个设区市空气质量都实现改善，长治、晋城、朔州、大同、临汾、太原、晋中等7市环境空气质量综合指数改善幅度在10%以上。以上7个市在国家通报的1—6月全国168个重点城市空气质量排名中进入空气质量改善前20名，其中，晋城第4、长治第5、朔州第7、太原第10、临汾第14、大同第15、晋中第16。

2015年6月，经过多年治理，忻州市宁武县生态环境持续好转，呈现出天蓝水清的美景

幸福故事

"春节蓝" 收获"新名片"

2022 年 2 月,人们谈起刚刚过去的春节,"春节蓝"依然是大家交口称赞的新年味儿——清新。

沿汾河景区漫步观光,去文化馆体验民俗,到公园赏花灯……这个春节假期,太原市民过得丰富多彩。"在蓝天白云的映衬下,处处都是美景,就连'年味儿'都比以往更清新。"这是多数人的感受,也是多数人的期待。

"站在西山放眼望,东山上雪白的风力发电机在蓝天的映衬下别样好看。"春节假期,太原市民刘磊带着一家老小来到西山万亩生态园登高,意外地看到了东山上的美景。"蓝莹莹的天空,清新的空气,太原的空气质量一年比一年好。"刘磊给太原的好环境点了个大大的赞。

在迎泽公园,随处可见的红灯笼十分喜庆。"过年嘛,人人都爱中国红,在蓝天白云的映衬下,这'红'显得特别好看。"张大妈指着自己手机里的照片说,"你看,这天空蓝得多鲜亮,衬得人气色都好了不少。"

晋中小伙儿张韬是滑雪爱好者,每年春节假期都要去滑雪场过过瘾。"今年的雪场别样好看。蓝蓝的天、白白的雪、清新的空气,冲下雪道的那一瞬间,感觉所有的压力都烟消云散了。"张韬高兴地说。

过年期间,临汾市民马斌仍坚持户外跑步。"临汾的环境基础差,但近些年变化很大,尤其是这个冬天,雾霾天明显减少。我们在户外跑步,对空气质量尤为敏感,感觉空气明显变好。"

春节期间,三晋大地的天空都展现出不同以往的"好颜色"。忻州雁门关、晋城柳氏民居、大同九龙壁……打开新浪微博,不少媒体和网友在山西各地发文晒图，点赞山西"春节蓝"。一张张照片透着人们的满足与骄傲，也彰显着大家对于蓝天白云的欣喜与期待。

为守护良好的生态环境，守护好人人都爱的"山西蓝"，春节期间，山西生态环境系统的工作人员坚守一线，确保全省生态环境质量持续全面向好。山西省生态环境厅每日对全省空气环境质量进行分析研判，派出 11 个检查帮扶组进行驻市检查帮扶。

据监测数据显示，除夕至初六，山西省环境空气质量是近年同期空气质量最好的一年。"春节蓝"正成为绿色山西的又一张幸福名片。

四季常在"大同蓝" 享誉三晋好风光

初秋的大同，天蓝地绿，清爽怡人。远处，从北京开来的高铁列车只需 90 分钟，就能停靠在位于市区的大同高铁站。"来给我拍一张与'大同蓝'的合影！"北京潘家园古玩店商户李女士一出高铁站，就被头顶上蓝莹莹的"大同蓝"吸引了。她说："特喜欢这'大同蓝'，蓝得纯粹、清爽、持久。为了这份美丽的'蓝'，将来我也要在大同买房置业！"

在"大同蓝"映衬下，这里的城市乡村到处迸发着勃勃生机。御河两岸鸟语花香，白登山上绿翠葱茏，街心公园传来大同市民幸福的歌声："笑盈盈望一眼头顶上的天，爽朗朗喊一声'大同蓝'。城墙上的塔，鼓楼外的燕、文瀛湖的水、悬空寺的山，大同的风景大同的美，如诗如画离不开蓝莹莹的天……"

很难相信，过去的"煤都"大同是"白天和晚上一个样，麻雀和乌鸦一个样，鼻孔和烟囱一个样"的"黑城"。2003 年大同是全国空气污染最重的十大城市之一，在全国 113 个重点监控城市中环境质量排名倒数第三。与此形成鲜明对比的是，2021 年 1—8 月，大同市优良天气数为 195 天，优良天气数比例为 80.2%；环境空气质量综合指数在山西省排名第一，2013—2019年，这个第一，大同已经拿了7次。

"那时一到冬天，根本看不到太阳，天总是灰蒙蒙的。在大街上转一圈，回家后衣服上准落一层灰，人们轻易不敢开窗户。"大同城区退休老人刘飞说，"而现在，每天早上起来第一件事就是开开窗户，换换家里的空气，暖和的时候还去公园做做早操、下下象棋。日子过得舒心多了。"

如今，常态化的"大同蓝"已成为百姓的口头禅，同时也使百姓幸福感倍增。在朋友圈里自豪地晒蓝天白云，也成为许多大同市民的习惯。漫步在大同市区，天空湛蓝，白云悠然飘过，远远望去，到处都是绿色；深深呼吸，新鲜空气沁人心脾……

"为了'大同蓝'，我们的公交车也全部置换成为新能源车和纯电动车。"大同公交司机孙师傅骄傲地说。不光是公交车，当地环保、公安、商务、财政、交通五部门联合推进淘汰黄标车和老旧车工作，空气质量改善愈发明显。

"大同有丰厚的历史遗存，有雄奇的塞上自然风光，有夏季凉爽的气候，而四季常在的'大同蓝'，正成为大同非常重要的旅游品牌之一，值得大力推介！我们不仅要让人们看到一个充满文化魅力的古都，更要让人们流连一个无霾洁净的名城。"大同市旅游局负责人说。

小城右玉 "不毛之地"建起生态乐园

2021年深秋时节，站在朔州市右玉县南山森林公园丰碑雕塑前，映入眼帘的是一望无际的数10万亩松柏林，涛声阵阵，壮美如画。可谁曾想到，脚下的这片土地，曾经是黄沙遍地、寸草不生。

右玉县林业局工程师说，右玉从"不毛之地"到"塞上绿洲"，全县林木绿化率从中华人民共和国成立初的不足0.3%提高到56%，90%以上的沙化土地得到治理，创造了从不毛之地变成塞上绿洲的人类生态奇迹，为多样性的生物物种提供了温润宜生的生态乐园，也为共建和谐自然的地球生命共同体贡献了"山西样板"。此外，右玉还成了晋北地区最大的樟子松育苗基地，育苗面积达 8 万亩。

当然，让右玉人最引以为豪的还是苍头河国家级湿地公园。

通过系统治理，苍头河生态环境得到了极大改善。经监测，2020年苍头河湿地公园建设以来，记录的脊椎动物种数已达 129 种、维管束植物共 150 种，与 2015 年相比，分别新增了 71 种和 36 种。苍头河生态系统朝着良性循环方向发展，湿地公园成为越来越多野外摄影爱好者的打卡地。

一片片黄沙，一年年逐步变成一片片林海。2020 年全县植绿 5.06万亩，实现了宜林荒山的全部绿化。当年外国专家建议搬迁的"沙患重灾区"变成了"联合国最佳宜居生态县"。"在这块 1969 平方公里的土地上，10 万人民进行了 70 余年旷日持久的绿色追求，每棵树都有一个故事，每个人都有一段植树的历史，确实难能可贵，可歌可

朔州市右玉县生态绿化成效显著

泣。"抚今追昔，77岁的老干部王德功禁不住感慨万千、热泪盈眶。

右玉年平均气温由过去3.6℃提高到了5.2℃，降雨量从年均不足400毫米提高到了650毫米，全县打造了"春有探春之旅、夏有避暑之旅、秋有丰收之旅、冬有冰雪之旅"的"四季之旅"生态文化旅游品牌，一年四季美景不断。

"你早晨起来，站在楼上往外看，看到的是蓝天白云。数九寒天，就是县城里的一溜平房上，也看不到生火取暖冒的黑烟。"朔州市生态环境局右玉分局副局长说。

为了呵护绿色成果，右玉县近5年累计拒绝各类项目20多个，资金达100多亿元。治山、治水、治气一体抓，带来了右玉环境质量的持续提升，让右玉从"塞上绿洲"成为"生态明珠"。

2020年，右玉入选第一批全国法治政府建设示范项目。朔州市委常委、右玉县委书记说，通过法治，确保右玉的GDP，一定是有质量有效益真金白银的GDP，一定是绿水青山可持续发展的GDP，一定是右玉老百姓有实实在在获得感、幸福感和安全感的GDP。

好生态成为人民幸福生活增长点

天空越来越蓝了。2021年，山西人的朋友圈频频被蓝天、白云、晚霞的各种美照"刷屏"，"太原蓝""大同蓝""山西蓝"等热词让每一个山西人感到自豪。蓝天白云越来越多，得益于空气质量各项指标全面向好。

2021年，山西省委、省政府出台《关于全面加强生态环境保护坚决打好污染防治攻坚战的实施意见》提出，让良好生态环境成为三晋人民幸福生活的增长点，成为经济社会持续健康发展的支撑点，成为展现表里山河、美丽山西的发力点，进一步加快美丽山西建设步伐。

2021年5月1日，太原市再添一道亮丽的风景线，新开通的滨

2021 年 5 月，新开通的太原滨河自行车道

河自行车道宛如两条红色丝带，镶嵌在汾河两岸，吸引不少市民和游客前来打卡。全长 75 公里的滨河自行车道完善了太原市的骑行网络，可缓解城市交通拥堵，降低能耗和碳排放量，有助于打造出"一泓碧水穿城过，河畔彩带映春色"的汾河美景。

不仅是太原，山西越来越多的城市正在蜕变。在孝义，总面积 160 余公顷的胜溪湖森林公园，成为孝义市区横贯东西的中心绿轴，是孝义市生态文明建设的一道独特亮丽的风景；在忻州市忻府区，全长 16.4 公里的云中河治理工程已经完工，成为忻州市民娱乐休闲的好去处，房车露营、温泉康养等项目纷纷落地，生态经济效益凸显；在 2021 年被生态环境部命名为"国家生态文明建设示范区"的阳城县，环绕县城建成了六大森林公园和生态绿道，"城抱碧波涟""城水相呼应"成为精致山城的底蕴……

不仅在城市，农村的空气质量也有了很大改观。在高平市马村镇陈村村，这里蓝天白云、绿树成荫，平坦的水泥路通到了村民家门口，马路两旁安装着太阳能路灯。村民张超自豪地说："现在，我们过上了和城里人一样的生活。"

空气质量是良好生态的重要组成部分。变得更加宜居、宜业、宜游的美丽山西，正快速提升三晋儿女的幸福感、获得感。

汾河治理　绿色长廊规模初现

汾河是山西的母亲河，也是黄河第二大支流。但是，一段时间以来，工业排污、地下水超采、煤炭大规模开发等让汾河不堪重负。党的十八大以来，山西牢固树立绿水青山就是金山银山的理念，将汾河流域生态修复纳入"十三五"经济社会发展标志性工程加以推进。山西省转型发展战略科学谋划，补短板、强基础、谋长远，水生态治理日渐成效，水安全基础更加夯实，水资源支撑保障能力显著提升，水利行业监管能力稳步加强，开创了新时代治水兴水新局面。

政策举措

2015 年 7 月，山西省印发《汾河流域生态修复规划纲要（2015—2030 年）》；10 月，汾河流域生态修复首批试点工程开工。

2016 年 4 月，水利部与山西省联合印发《汾河流域生态修复规划（2015—2030 年）》，汾河流域生态修复工程上升至国家治水战略层面。

2017 年 1 月，《山西省汾河流域生态修复与保护条例》通过，进一步完善了汾河流域生态修复与保护长效机制。

党的十八大以来，习近平总书记三次赴山西考察调研，先后提出让"汾河水量丰起来、水质好起来、风光美起来""要切实保护好、治理好汾河，再现古晋阳汾河晚渡的美景，让一泓清水入黄河"等重要指示，为进一步加强汾河流域生态治理提供了根本遵循。

2017年6月，山西省拉开了汾河治理的序幕：坚持"一断面一方案、点面全覆盖"，对全省58个国考断面逐一研究提出水质改善措施，指导各市、县（市、区）政府细化减排措施；采取"查、测、溯、治"，拉网式排查汾河流域2039个入河排污口，对保留的1124个入河排污口按月监测管理，对黄河流域（除汾河）入河排污口逐一排查整治，促进污染减排。

2018年9月，山西省印发《以汾河为重点的"七河"流域生态保护与修复总体方案》，把实施以汾河为重点的"七河"流域生态保护与修复工程，作为山西生态文明建设和经济社会可持续发展的重大战略。

2019年5月，《山西省人民政府关于坚决打赢汾河流域治理攻坚战的决定》正式施行，一场保护母亲河的攻坚战在三晋大地全面打响。

2020年4月，山西省印发《汾河流域生态景观规划（2020—2035年）》，预期通过5～10年的工程治理，再通过5年左右的维护、培育和持续监管，建设流动的河、健康的河、生态的河，形成山水相依、溪水长流、林泉相伴、湖光山色的三晋幸福河。

数字成果

"十三五"期间，山西省水环境质量取得极大改善，全省58个国考断面中，优良水质比例由 2016 年的 48.3% 上升到"十三五"末 2020 年的 70.7%，提升了 22.4 个百分点；劣 V 类水质比例由 2016 年的 27.6% 到 2020 年全部消除，汾河流域稳定实现"一泓清水向南流"。

截至 2020 年 6 月底，汾河太原段已全面消除劣 V 类水体，汾河水库出口和上兰两个国考断面水质达 II 类，温南社国考断面改善为 IV 类并实现稳定达标。

截至 2020 年底，山西在汾河流域拉网式排查 2039 个入河排污口，采取"查、测、溯、治"全面完成整治工作，对保留的 1124 个入河排污口按月实施监测，纳入日常管理，实现规范化管控。汾河流域以外初步排查出 2888 个入河排污口，完成整治 578 个。

"十四五"阶段，山西省地表水国考断面由"十三五"的 58 个增加至 94 个。2021 年上半年，全省 I ～ III 类优良水质断面 59 个，占比 62.8%；劣 V 类水质断面 8 个，占比 8.5%。国考断面主要超标

太原汾河公园

因子氨氮平均浓度同比下降 20.3%，总磷浓度同比下降 30.7%，水环境质量总体进一步改善。

幸福故事

我们的汾河越来越美

赛龙舟是端午节的习俗之一。2021 年端午节小长假，由龙舟爱好者组成的竞赛队伍再次出现在汾河水面。从空中看，条条龙舟就像穿梭在水面上的游鱼，和汾河水畔的绿植交相映衬，构成了一幅灵动的生态画卷。碧波荡漾、鱼翔浅底的汾河,让更多人感受到美好和幸福。

"看到这样的画面，你很难想象过去汾河在太原曾经断流。"太原市环保志愿者协会会长张强说，"看到我们的母亲河水质渐好、水量渐丰，看到汾河两岸越来越美，看到汾河能吸引全国选手前来竞技，我感到无比自豪。"

在太原，无数像张强一样的环保志愿者始终密切关注着汾河、保护着汾河。

汾河再现初见时模样

2021 年 6 月 5 日，张强与太原市环保志愿者协会的志愿者们一起来到汾河公园晋阳桥下，开始了巡河调查活动。从晋阳桥沿汾河向南出发，一路风景秀丽，河岸满目青翠，河面波光荡漾。"让汾河水量丰起来、水质好起来、风光美起来"的蓝图在这里得以充分体现。

"我从小在汾河边长大，对这条河非常熟悉。如今的汾河晋阳段几乎再现了我小时候汾河时的模样。"70 后的张强出生于太原市晋源区晋祠镇王郭村，当年村东边的汾河滩就是孩子们天然的游乐场。那时候，河边的芦苇荡有一人多高，一阵风吹过沙沙地响。十多米宽的汾河，水质清澈，如同孩子们的游泳池。在岸边玩耍的张强经常看到成片的大雁和乌鸦从头顶飞过，一些叫不上名字的漂亮鸟儿在水面上嬉戏；水中的鱼儿更是数不胜数，泥鳅、鱼虾总是捉也捉不完，张强和小伙伴游泳时总会趁机捞上一些，给家里"加菜"。

令张强想不到的是，家门口的这条河渐渐"枯萎"了。2004年，张强和几个志同道合的志愿者成立了太原市环保志愿者协会，他们希望能用自己的行动，为家乡的蓝天、青山、绿水出一份力。

在一次次的巡河过程中，张强和环保志愿者一旦发现污染情况，或者动手清理，或者向环保部门反馈。渐渐地，他们发现，随着太原市"九河"治理的实施以及雨污分流改造的推进，越来越多的污水通过地下管网进入了污水处理厂而不是汇入汾河河道。汾河水库、清徐县清泉湖上的黑鹳、天鹅等水鸟大幅增多。

2019年，太原市投资13.9亿元组织实施六大类共56项的水污染防治重点工程。"2019年，我的家乡王郭村也开始修建地下管网，农村污水不再排往河道，而是通过管网直接进入污水处理厂。"张强认为，这一切为汾河太原段国考断面全面退出劣Ⅴ类水质打下坚实基础。

河滩垃圾少了 环境更美了

2016年毕业于中北大学环境工程专业的成沛，对汾河上兰段有着深厚的感情。她说："上学的时候，我就经常在汾河边做研究，成为环保志愿者以后，经常和孩子们一起来上兰段巡河，这些年真切地感受到这里的变化非常大。"

成沛是太原市萌芽环保协会"环保小河长"项目的负责人，教孩子们环保知识、和孩子们一起巡河护水就是她的日常工作。民间"环保小河长"的主要职责是利用节假日，配合支持"官方河长"开展水环境治理，同时向周边群众主动宣传环保知识，呼吁大家爱护环境。

2021 年 6 月，成沛再次和"小河长"们一起来到汾河上兰段。她发现，这里的河道更宽了，水质更清了，河里的石头能看清楚了，河岸边有了垃圾桶，河滩上偶有垃圾但是少多了。"通过检验我们发现，这里的水质已经达标，汾河治理效果良好。相比两年前，我们只捡了一袋垃圾，不到 10 公斤的样子，这说明大家的环保意识在加强。"成沛说。"小河长"们也纷纷表示，这里的环境实在太美了，都不想离开了。

为全面消除汾河流域劣 V 类断面，并在之后稳定达标，太原市在 2020 年春天确定了 72 项水污染防治重点工程，涉及城镇污水处理厂建设和扩容改造工程、农村污水治理工程、入河排污口治理工程等七大方面，全力保障汾河流域太原段生态基流，加大汾河生态调水协调力度，保障汾河主河道基本生态用水需求，确保汾河一坝（上兰）、汾河二坝下泄到太原市汾河主河道的水量不低于每秒 20 个立方米。

绿色景观生态长廊规模初现

汾河太原城区段治理美化工程始于 1998 年 10 月，先后分四期进行治理。2019 年三期工程完工后，汾河景区全长达到 33 公里。2021 年 6 月，汾河四期治理美化工程开工建设，该工程以柴村桥北 500 米处作为南起点，向北延伸约 10 公里，将最大限度对汾河太原城区段湿地生态系统进行恢复。2021 年底完工后，汾河景区形成纵贯太原市区南北 43 公里的绿色景观生态长廊。

2021 年 9 月 30 日，汾河四期开园首日就吸引了众多太原市民前来打卡。"我从享堂新村过来，他们是从大东关来的，他们是从平阳路来的。"刘女士兴奋地介绍着同伴，连连赞叹，"这里有山有水有亭，空气特别清新，还有自行车道，真是太好了，我们都是老太原人，一路看着这座城市变得越来越美，感到特别自豪。"一旁的伙伴们你一言我一语："河边有阁楼和小路，太适合我们中老年人了！""两边这么好的自行车道和设施，我们一定会经常来。"

"汾河四期工程北起上兰汾河漫水桥，南至柴村桥北 500 米，建设内容主要包括堤岸防护、堰坝重建、河岛保护、水系梳理、湿地打造、生态修复、景观建设、文化植入、设施配套等工程。"太原市汾河景区管理委员会工作人员说，"汾河四期工程与原有河岛、滩涂等生态山水风貌及西山文化景观相融合，打造出山环水抱、景致协调、延续文脉、可持续性发展的生态文化长廊。"

"从一期、二期到三期、四期工程，可以说我是汾河'水量丰起来、水质好起来、风光美起来'的见证者。"工作人员说。汾河两岸变化特别大——两岸绿化面积扩大，水面上建造了各式各样的景观亭，不仅吸引来了白鹭、白尾海雕、白骨顶鸡，还有被称为鸟类大熊猫的黑鹳等约 160 种鸟类栖息，更是附近居民散步、健身、游玩的好去处。

建设美丽汾河，是三晋儿女的心愿，在他们眼中，一幅"岸边有树、水上有鸟、水中有鱼"的绿色生态画卷，正在汾河太原段流域徐徐展开。

矿业环境 实现由"黑"变"绿"

山西是能源大省，也是固体废物产生大省，常见的固体废物主要包括煤矸石、粉煤灰、冶炼渣等。工业固废的处理方式包括利用、处置两类。

自 2007 年国土资源部首次提出"坚持科学发展，推进绿色矿业"以来，建设绿色矿山、发展绿色矿业已成为中国矿业界共同的行动纲领和发展目标。山西坚持将绿色发展理念厚植三晋土壤，将绿色基因植入矿业生产各环节，加快绿色发展步伐。

政策举措

2018 年，《山西省煤炭资源综合利用规划》发布，强调要促进煤矸石、粉煤灰、矿井水、煤层气等煤炭及共伴生资源综合利用，改善生态环境质量，推动煤炭资源综合利用产业绿色、低碳、循环发展。

2019 年，《山西省矿山地质环境保护与治理规划（2018—2025年）》出台，指出山西省将最大限度地减少矿产资源开发过程中的污染和生态破坏，逐步治理历史遗留的矿山环境地质问题。

数字成果

2017 年，太原市清查矿山地质环境家底，调查面积约 1044.73 平方公里，调查矿山 258 座。矿山地质环境问题主要包括矿山地质灾害、地形地貌景观及土地资源破坏、含水层破坏等。

恢复治理方面，截至 2017 年底，总计投入恢复治理资金约 115666.26 万元，完成治理项目 63 项；实施的《山西省采煤沉陷区综合治理工作方案（2016—2018 年）》，已完成迎泽、杏花岭、古交、清徐、娄烦及阳曲 6 个县（市、区）共 10012 户搬迁安置，完成 10 个采煤沉陷区矿山环境恢复治理项目主体工程。

过去的矿区如今变成了生态园。图为 2019 年冬日拍摄的太原市西山万亩生态园

幸福故事

绿色矿山扮靓煤矿工人幸福路

2021 年 7 月 27 日，退休职工宋启兴又来到太原官地矿记忆公园锻炼身体。"两河西延道路实施改造以来，路更平了，7 路公交车也恢复运营了，我经常到记忆公园转转，打打拳，活动活动筋骨，因为我对这片土地有着深厚的感情。"

宋启兴是山西焦煤集团西山煤电集团公司官地矿的一名职工。提起矿山的变化，他打开了话匣子："官地矿是我曾经工作和生活过的地方。随着国家对生态环境保护工作的重视和企业的发展壮大，矿山的开采工艺和职工们的生活水平都发生了翻天覆地的变化。昔日的'黑煤矿'变成了翠绿的'记忆公园'，我们的矿山越来越美，我们的生活越来越幸福。"

提起煤矿，人们总会将它与"黑、脏、乱、差"这些字联系在一起，可如今的矿山真的和以前不一样了，生活在官地矿区的居民们深切感受到矿山发生的巨大变化。官地矿是山西焦煤集团公司下属的一座现代化矿井，有着 61 年的发展历史，随着环境保护攻坚战役的打响，它正在上演一场绿色"变形记"。

站在官地矿记忆公园，你很难想象，眼前这片郁郁葱葱、草长莺飞的绿地，曾经是官地矿矸石山治理现场。"以前，这里到处是黑的，每天下班回家总是一身灰尘，风一刮煤灰四起，百米外就能闻到一股硫黄味。赶上下雨天，煤矸石上的化学成分污染了土壤，别提花鸟，整个山头都寸草不生。"宋启兴说。

"但现在不一样了。"跟着宋启兴的脚步拾级而上，登临雄伟的观景台，俯瞰脚下近 50 万平方米的矸石山时，眼前的一切让人震撼。

矸石山其实不是山，而是在煤炭开采过程中，排放的煤矸石越积越多，远远望去看着像山一样。它没有山的雄浑与肃穆，反而多了几分荒凉——没有土壤，没有植被，光秃秃、黑漆漆的。官地矿环保卫计科科长说："在矿区环境治理难度最大的就数固体废物煤矸石的治理。"他说，官地矿干部职工充分发扬"煤亮子"精神，主动出击，打了一场全员重视、全程投入、全域治理的环境保护攻坚战。2020年官地矿顺利通过山西省绿色矿山验收。

"以前开采的煤全靠矿车从井下往地面拉运，如今一条皮带就全都解决了，原煤直接进仓，不仅提高了装煤、运煤效率，而且还减少了对环境的污染；地面环境就更好了，满山的自建小平房不见了，都种上了树，就连这煤矸石成堆、散发硫黄气味的矸石场地，都成了美丽的公园。"宋启兴说。

废弃露天矿山"地里生金" 百姓日子越来越好

秋末冬初，阳泉郊区荫营镇东梁庄村废弃露天矿山生态修复工程现场是一派热火朝天的忙碌景象。高标准农田里，有的村民挥舞着锄头刨红薯，有的捡拾红薯，收割机"轰隆隆"地收割着高粱……眼前连片的耕地，过去曾是私挖乱采形成的大大小小的矿坑，2020年经过生态修复、覆土回填打造成了高标准农田。东梁庄村股份经济合作社组织人员种上了红薯，工程队还试种了百余亩高粱。生态修复让废弃露天矿山"地里生金"，土里刨出了"金蛋蛋"，田间长出了"金穗穗"。

"党和政府为我们修复了生态环境，整好了地，我们得利用好，让'地里生金'。"东梁庄村股份经济合作社负责人说。东梁庄村的土壤硒含量较高，生态修复过程中，工程队就近取土回填，打造的高标准农田很适合种红薯。

负责人拿起一个刚刨出来的红薯，擦去表面的泥土后，露出了红色的表皮："我们在近 30 亩高标准农田里种了烟薯 25、徐薯 32 等几个河北省农科院的新品种。红薯亩产量约 1500 公斤。在新造的地中，这样的产量不算低。"

正说着，负责人又接到了客户的订购电话，"又有 100 箱红薯的订单，这两天得抓紧干了"。东梁庄村有种红薯的传统，这里的红薯在本地也小有名气。目前，红薯的市场价是每公斤 4 元，以此标准估算，他们在高标准农田里种的红薯每亩收入约 6000 元，近 30 亩地能为村集体增收近 18 万元。

这边，红薯收得热火朝天；那边，一台高粱收割机正穿梭作业，比成人还高的高粱秆被收割机"吞"入"腹"中。东梁庄村废弃露天矿山生态修复的工程队负责人正在高粱田间察看收割情况。"生态修复后形成了平整的大块田，就可以用现代农机了，大大提高了农业生产效率。"他说。修复完成后，工程队有 3 年的管护期。2021 年，他们在修复后的地里种了 100 亩高粱。

"本地种植高粱的不多，规模种植 100 亩的更是少见。我们选用的高粱品种是晋杂 22 号，是山西汾酒厂酿酒的专用品种，所以销路不愁。"负责人说。2021 年高粱的亩产量约 400 公斤，收购价每公斤 3.4 元。据此计算，每亩收入约 1300 元，100 亩高粱田有 10 多万元的收益。通过 3 年管护，可以最大限度地提升土壤肥力。未来，这些高标准农田能帮助村民增加收入。

园林城市　居民仿佛画中住

随着太原市"南移西进，北展东扩"的步伐逐步加快，"建设"成为太原市近几年的代名词。除了各大项目的建设，太原市六城区还努力提高城市绿化覆盖率，加强城市美化工作，形成融"山、水、林、园、城"为一体，点、线、面相结合的城市绿地系统，使太原市"颜值"提档升级。

政策举措

2020年7月，《2020年太原市创建国家生态园林城市实施方案》印发，提出将按照国家生态园林城市创建标准和年度计划要求，继续坚持山水林田湖草一体化保护和修复，治山、治水、治气、治城一体推进，扩大城乡绿色空间，全力推进生态文明建设，加快创建国家生态园林城市步伐，努力建设美丽太原，再现"锦绣太原城"盛景。

2021年6月，《2021年太原市创建国家生态园林城市实施方案》印发，确保2021年城市新建、改建居住区绿地达标率达到95%，城市公共设施绿地达标率达到95%。

太原市晋祠公园

数字成果

截至 2021 年，太原市已建成综合性公园 55 个、专类公园 12 个、带状公园 7 个、社区游园 58 个、街头游园 309 个，人均公园绿地面积逐年增加，达到 12.25 平方米。

幸福故事

园林城市建设　让老百姓幸福感提升

"文瀛公园、迎泽公园、和平公园、龙潭公园、玉门河公园、晋阳湖公园……太原市大大小小的公园挨个逛，两个月都不重样。前几天新建好的双塔公园开园了,我和老伴一大早就赶去看新公园是啥样,用年轻人流行的话这叫'打卡'。"2021 年 7 月 19 日,说起逛公园,家住太原市双塔西街的李强喜悦之情溢于言表。

"四季有花香,五步不同景。""碧水荡漾鱼欢游,亭台楼榭映晴空,一叶扁舟湖中泛,蜻蜓飞舞荷田田。不是江南,恰似江南!"近些年,随着太原市公园建设按下加速键,市民们感到身边的绿地越来越多,美景越来越多,文化韵味越来越浓,一年四季打卡各大公园美景,成了众多太原市民心中的最爱。

双塔凌霄展新姿 市民竞相打卡新地标

2021 年 7 月 9 日,双塔公园刚开园,别看"年龄"小,它可是太原人民的老朋友了。有着悠久历史的双塔寺,双塔巍然高耸,直插云天,是"古晋阳八景"之一,也是太原的标志,不少人都赶来观看"双塔凌霄"的新姿。

双塔公园开园首日就刷爆太原人的朋友圈,当日 21 时,公园内仍有大量游客流连忘返,以致园方不得不采取限流措施。

看着双塔公园绿荫葱葱、碧波环绕的美景,怎能不被它震撼:三座恢宏大气的汉白玉石桥,飞架在碧绿的景观河上;蓝天白云映衬下,双塔寺巍峨耸立;16 个仿古建筑群,依山傍水,移步换景……

在凉亭下棋的两位老人表情时而紧张、时而得意,七八个人在一旁观战。他们都 70 多岁了,平时喜欢下棋,之前附近没公园,小区也没有合适的地方,只能在马路边下棋,没少呼吸汽车尾气。"下棋时常有人围观,让本就不宽的街道变得拥挤,之前也因影响路人通行发生过争执。"这让他们下棋的愉悦心情荡然无存。"现在好了,几个棋友相聚双塔公园,清风一吹,看着微波粼粼的湖面,下着不会打扰别人的棋子,非常舒服。到处走走,能锻炼身体;下下象棋,能锻炼脑力,还能预防老年痴呆哩!"老人家笑得很是爽朗。

双塔公园的建设，以巍峨双塔为核心，在对重点古迹永祚寺及周边原有古建和树种加强保护的前提下，增建大面积的山水景观以及仿古建筑群，不仅体现出浓郁的太原地域特色，还具有鲜明的北方园林风格。而且，采用园林借景、对景、框景、漏景、障景等手法，打造"四季有花香，五步不同景"的园林造景效果，呈现春华、夏韵、秋彩、冬趣的园林美景。

迎泽公园气象新　满目苍翠游人醉

2021年，盛夏的太原迎泽公园，游人如织。

虽处闹市，这里却仿佛一片世外桃源：明清风格的亭台楼阁坐落于林间花丛，古色古香；七孔桥下，成群的红鱼湖中游，湖边时不时传来儿童清脆的笑声；麻鸭、绿头鸭、大白鹅惬意地在湖心岛周边游弋，饿了就上岸觅食；喜鹊、麻雀、斑鸠等鸟儿穿梭林间，叽喳鸣唱……

太原市迎泽公园

"接天莲叶无穷碧，映日荷花别样红"，每年进入 7 月，这里的栈桥荷影就成为网红打卡地。荷塘里，一个个红的、粉的荷花精灵纷纷探出了头。赏荷栈道上，游客或坐在木凳上静心赏花；或拿起相机、手机聚焦娇艳欲滴的荷花；或有孩童即景诵读"小荷才露尖尖角，早有蜻蜓立上头"。诗情画意，其乐融融。

迎泽公园里有许多人结伴游园、锻炼、跑步、踢毽子、广场舞、健美操、唱歌、跳绳……好不热闹。"放心吧姑娘，妈妈在这儿非常充实，正跳舞呢！"62 岁的郑女士在电话里对女儿说。

郑女士退休后，女儿在外地工作，不能经常回来陪她，时常感到孤单。有一天去公园散步，看到有人跳舞，有的年纪看着比她还大，于是她加入其中，不仅学会了跳舞，还交到了许多志同道合的朋友。

迎泽公园，有着几代太原人的记忆，很多家庭的相册里，都有迎泽公园的照片。2017 年国庆前夕，迎泽公园完成了最近一次大规模升级改造后对市民开放。投资 11.1 亿元，历时近两年，新迎泽公园呈现出一片古色古香的明清风格，并新增了北门水榭、湖心岛、观澜阁、梨园唱和等景观，尤其是环湖塑胶跑道，深受市民喜爱。从春天开始，大片的樱花、海棠花、郁金香、牡丹、紫藤花、月季花渐次开放，让这座有着 65 年历史的公园焕发出新的色彩。

一湖点睛太原城　湖光山色梦晋阳

2021 年 7 月，太原晋阳湖公园迎来开放两周年。湖面波光粼粼，四周郁郁葱葱，花儿竞相开放……晋阳湖的一天，是从鸟儿清脆的鸣叫声中、从晨跑的脚步声中、从沙滩上孩童的欢声笑语中苏醒的。

在此之前，晋阳湖公园仅仅是一个电厂蓄水池，曾因河道淤塞、垃圾成堆、水质恶劣、电厂污染，饱受附近百姓诟病。2015 年，晋阳湖公园改造全面启动，按计划要将它建成华北最大的城市公园，打造太原"城市客厅"。

太原市晋阳湖公园

　　"没想到老了还能住上宽敞明亮的楼房，而且还是'湖景房'，每天的任务就是带着孙子遛弯，在晋阳湖公园的沙滩、儿童游乐场撒欢玩。"孙建国的家距离晋阳湖公园步行仅需十多分钟，他所在的村子受益于晋阳湖片区改造，村民们都住上了楼房。

　　每天16时开始，四面八方赶来的游客越来越多，人们三三两两地在湖边散步、看夕阳西下。最热闹的地方有两个：一个是沙滩，长城、城堡、火山、大桥、河道……孩子们用小手做出自己最喜欢的沙雕；一个是儿童活动区，这里是太原市最大的免费儿童无动力游乐场，大型滑梯、滑索、秋千、攀爬网、跷跷板、水上乐园……孩子们的激情在这里被点燃。

交通出行篇

　　山西自古就是"四塞之地"，百姓出行饱受困扰，但中华人民共和国成立后，尤其是党的十八大以来，全省的交通环境大幅度改善，让这块土地上的百姓在出行上获得了满满的幸福感。

　　"千古百业兴，先行在交通。"从中华人民共和国成立初期路不成网的困局，到目前适度超前的跨越式发展，无论是铁路、公路、航空运输，还是城市道路建设、公共交通运输方面，山西的交通环境都发生了翻天覆地的变化。

　　回望山西交通领域的发展，是出行条件不断改善的历程，是百姓幸福感不断提升的历程。出行环境的沧桑巨变，使山西改变了交通闭塞的历史，使经济社会发展迈上了快车道，使城乡百姓从中华人民共和国发展进程中受益。在党中央、国务院对山西交通建设的重视和支持下，在山西省委、省政府科学决策部署下，一代又一代交通人和建设者艰辛付出，用不畏艰险和勇于创造的精神，以"山西智慧"创造了奇迹，用"山西担当"刷新了"山西速度"。

路通乡村　百姓踏上幸福大道

"给钱给物不如给条好路！"这是很多山西乡村百姓的心声。三晋大地地处黄土高原，千梁万峁、沟壑纵横，尤其是一些地处偏远的山区，交通十分不便，那里的百姓曾经祖祖辈辈忍受着路况差甚至行路难的憋屈。从 21 世纪初开始，山西开始了延续十几年的村村通水泥（油）路建设、农村街巷硬化全覆盖工程，以及"四好农村路"建设，为改善乡村行路问题接续努力。很多地方的村民告别了"晴天一身土、雨天一身泥"的日子，交通出行以及农产品运输都得到了很大的便利。

政策举措

2002 年以后，山西省委、省政府及时把全省工作重点转移到了全面建设小康社会上来，并把农村公路建设作为破解农村小康难题的突破口来抓，带领全省人民大打农村公路翻身仗，一个目标不动摇，一任接着一任干，全省在"十一五"末顺利实现了具备条件的建制村通水泥（油）路，农村交通面貌发生了翻天覆地的变化，农民生产生活条件得到了极大改善。

2011 年，山西省政府向全省人民庄严承诺，到 2012 年实现农村街巷硬化全覆盖，全省三级财政投资 220 亿元，省、市、县按 6：3：1 比例安排，补助标准街道每公里 20 万元，巷户道每公里 10 万元。农村街巷硬化全覆盖工程的实施是村村通水泥（油）路工程的有效补充和进一步延伸，使农村路网更加完善。

2020 年，《山西省推进交通强国建设行动计划（2021—2022 年）》提出，围绕服务脱贫攻坚和乡村振兴，山西实施农村公路联网畅通工程，推进乡镇通三级及以上公路、建制村通双车道公路及人口较大规模自然村（组）通硬化路工程，建设一批资源路、产业路。2022 年，全省农村公路列养率要达到 100%。

运城市盐湖区解州镇的乡村公路

数字成果

2002—2010 年，山西共新改建村村通水泥（油）路 15 万公里。

2011—2012 年，山西农村街巷硬化全覆盖工程完成投资 265 亿元，全省完成 27881 个行政村 15 万公里的农村街巷硬化任务。

"十三五"期间，山西坚守"小康路上绝不让一个地方因交通掉队"的承诺，全省新改建农村公路 4.28 万公里，具备条件的建制村实现 100% 通硬化路、100% 通客车、100% 通邮。全省公路通车里程达到 14.43 万公里，95% 的乡镇通了三级及以上公路。通过实施"百乡千村万里美丽农村路"示范创建工程，山西推进农村公路养护站、客运站、物流节点及邮政快递网点多站合一，建成乡镇综合交通服务站 100 个。

幸福故事

油路水泥路　修到百姓家门口

2006 年，山西村村通水泥（油）路工程建设正进行得如火如荼。在晋中市左权县北艾铺村村口，60 多岁的康书廷正在晒太阳。他的面前，一条平展的水泥路翻山越岭直达县城。这条公路未修到北艾铺村之前，这里只有一条山路通往左权县城，由于路不好走，康书廷的两个姐姐当年因为生病无法及时送到医院而死在了路上。

和北艾铺村一样，许多居住在太行、吕梁深山里的农民，过着几乎与世隔绝的生活。土产的核桃、苹果、柿子等，也因无法运到山外，白白烂在树上。2003 年以前，山西全省有一千多万山区人口为走路发愁。

从 2003 年底开始，国家扶持农村修路，修 1 公里路，每村补贴3 万元。为了能有一条平展的路，各地的农村百姓出钱出力，有的古稀老人甚至捐出了自己的棺材本。随着农村有了公路，村民们的生活也随之发生了很大变化。在晋中市左权县北艾铺村，以及阳泉市平定县小南庄村、宁艾村和盂县大峪村，当地村民们把村里产的核桃、花椒、柿子等山货运出去，商贩们也主动上门收购。一些村民买了三轮车、拖拉机，跑起了运输，像盂县大峪村，村民人均年收入翻了好几番。

2009 年，在太原市古交市赤泥岩村，村民杨得宝望着村前刚通的公路，脸上露出掩饰不住的激动。"以前我们这里的山路特别难走，一到下雨天又是水又是泥的。"杨得宝说，现在村里通了水泥路，让村民愁了几十年的出行难问题彻底解决了。

在阳泉市平定县冠山镇宋家庄村，村通公路带来了更多的变化：一条宽阔平整的水泥路贯通全村，路两旁全部安装了电灯，栽种了树木和各类花卉，街巷的每个角落都安装了广播喇叭，村里设有规范的垃圾点，还修筑了排水渠。新的住宅区有花池、草坪、行道树、路灯，一幢幢住宅楼错落有致、整洁漂亮。村里面甚至还有街心花园，老人、小孩都在这里休闲玩耍。村民们高兴地表示，自从村里的水泥路修通后，出行更方便了，现在从村头花三五块钱坐上客运班车，进城方便得很。村民李二愣说："村里告别了晴天'扬灰路'、雨天'泥水路'的历史，就医难、上学难、娶亲难、货物进出难这些问题也将迎刃而解，村里致富有希望啦！"

百姓便捷出行的"最后一公里"被打通

过去十多年，山西农村公路的建设在持续，村通公路与百姓的故事也一直在继续。2020 年 11 月 17 日，在太原市晋源区西镇村，通往龙山景区停车场的道路最后铺油完成。龙山文物保管所副所长说：

"以前这条路弯急坡陡，很多自驾游的人到了这儿就不敢上山，现在铺设了减速带，新修了排水沟，停车场也进行了改造提升，不仅给游客创造了出行的便捷，也提升了旅游体验和景区的环境形象，真正实现了城景通、村村通、景景通。"

随着 22 条城乡道路改造全面完工，太原市晋源区城乡接合部百姓便捷出行的"最后一公里"不仅被打通，而且条条道路"洁化、绿化、美化"，人在路中行，如在景中游。

由晋源区西峪社区通往长风西大街的神堂沟北路，全长 1.3 公里。以往路面坑坑洼洼，遇上大雨积水近一米深，车辆无法通行，周边居民怨声载道。而今，西峪社区门口也进行了整修铺油，居民出行再也不用发愁了。附近的居民说，自从太原一电厂拆迁改造以后，出门能走的只有一条土路，路面扬尘大，晴天一身土，雨天一身泥。而今，连接晋阳大道和冶峪快速路的柏油路贯通以后，环境大变样。

太原市王郭村东 307 国道旁地势低洼，清水河堤岸土路潮湿泥泞，位于此处的旭恒纸制品公司货物运输车辆时常陷入泥中。自从道路改造开始后，不到一个月时间，307 国道通往厂区的道路修通，货物运

太原西山旅游公路

输量也与日俱增。王郭村村民常荣生是旭恒纸制品公司的司机，谈到修路前后的变化，他笑着说："以前每天只能跑两趟，现在每天能跑四趟，收入增加了，日子也越来越好了。"

修路带动地方特产走向更广阔的天地

2021 年，晋中市榆次区乌金山镇后沟村，村容村貌干净整洁，一幅错落有致、生机勃勃的美丽田园画卷展示在众人眼前。后沟村建有温室 7 套、拱棚 70 套，种植蓝莓 130 亩、樱桃 60 亩以及苹果、草莓、桃、梨、杏、软枣、猕猴桃、盆栽果树等 100 余亩，现已成集科技示范、休闲采摘、观光旅游、科普教育为一体，"生产生态协调，休闲观光结合"的"都市型"现代农业示范园区。随着农村公路的快速发展，像后沟村这样的特色种养业、农村电商、客货运输、乡村旅游等产业，都得到了有力带动。在晋中市榆社县，随着一条条"四好农村路"的畅通，该县深藏山中的有机小米、笨鸡蛋、田禾火麻油等名优特产品，走向了更广阔的天地。

"十三五"以来，晋中市左权县围绕左权民歌汇，全面铺开了"四好农村路"建设：2019 年，在石匣乡铺设全长 3.8 公里的"桃花红杏花白"民歌基地公路工程；2020 年，实施总计 20.8 公里的太行百里画廊桐峪镇至麻田镇通村公路工程、泽城至上口慢行系统工程；2021 年，完成 8.92 公里的晋冀鲁豫边区临时参议会旧址至莲花岩公路工程……

纵观近 20 年来山西农村公路的建设与发展，从最初艰辛拓展的村通公路工程，到如今通畅美观的"四好农村路"，农村公路的建设畅通了城乡微循环，为山西农村的产业发展提供了便利条件，高效畅通的公路网络让村民走出大山，在奔小康的路上齐头并进。

铁路运输　四通八达连通全国

2009年4月1日，山西开通运营首条客运专线——石太客运专线，动车首次进入了山西。此后大西、张大、郑太等高铁和客运专线陆续开通，大大缩短了山西到京津冀、中原经济圈以及陕西、四川一带的时空距离。尤其是红色列车"蔡家崖号"开通，为沿线娄烦县、岚县、临县、兴县4个曾经的集中连片贫困县提供了脱贫的动力，结束了曾经的晋绥边区首府不通旅客列车的历史。

政策举措

按照国家《中长期铁路网规划》，截至2021年底已投入运营的石太客专、大西高铁、张大高铁、郑太高铁等，将与未建成的雄忻高铁、集大原高铁等，构成三晋区域范围内的高铁网络。其中，大西高铁是国家《中长期铁路网规划》中京昆高铁的重要组成部分，也是中国西部铁路建设重点工程。

2020年，《山西省推进交通强国建设行动计划（2021—2022年）》下发，提出，山西省2022年高速铁路里程计划达到1100公里。

数字成果

大西高铁全长859公里,设27个车站,2009年12月3日正式开工,2014年太原南至西安北段正式通车,2018年9月28日原平西至太原南段正式开通。2019年12月30日,大西高铁全线通车。2014—2020年,大西高铁运送旅客达1.2亿人次,为山西百姓出行提供了极大方便。

太原至吕梁蔡家崖站的"蔡家崖号"列车2018年开通,到2020年6月,累计开行2792趟,运输旅客223万人次,极大方便了老区人民出行,有效带动了沿线旅游业发展和农特产品销售。

到2022年2月,山西全省铁路营业里程6252公里,路网密度399公里/万平方公里,在全国排名第八位。其中普速5102公里,覆盖全省104个县区,全省高铁1150公里,实现了以太原为中心,1小时抵达山西中部城市群,2小时抵达其他地市级,3小时进入京津冀经济圈。

幸福故事

大西高铁谱写三晋人民美好生活新篇章

大西高铁方便三晋南北百姓出行

2018年9月28日,大西高铁原平西至太原南段开通,这对忻州百姓来说是件大事,因为该段高铁的开通,结束了忻州没有高铁的时代。9月28日当天,在太原南站广场,铁路部门摆放了很多忻州当地的特产,让南来北往的乘客了解。借着大西高铁原平西至太原南段开通的东风,太原铁路部门牵头组织多家省内知名旅行社,重点为旅客介绍沿途太原市阳曲县、忻州市忻府区、忻州市原平市3地的文化旅游、人文典故、特色美食。大西高铁为忻州的发展带来了新的契机。

忻州是山西脱贫攻坚最大的主战场之一，所辖 14 个县（市、区）就有 11 个国家级贫困县。同时，又拥有清凉胜境五台山，是雁门关、宁武关、偏头关"三关"所在，人文历史遗迹随处可见，也是山西打造黄河、长城、太行三大旅游板块的主力军。大西高铁向忻州延伸，不仅为当地脱贫攻坚以及巩固发展带来助力，而且扩大了忻州的旅游吸引范围，极大方便了忻州与全国各地的往来。

随着时间的推移，到了 2019 年 12 月 30 日，大西高铁终于全线通车，一条纵贯山西南北的高速铁路跃然于三晋版图。

大西高铁串起沿线经济旅游带

大西高铁（太原南至西安北）开通后，沿线城市同城化效应凸显。太原到西安全长 567 公里，动车组时速 250 公里，路程用时从 10 个小时变为 3 个小时后，秦晋两地的时空距离被前所未有地拉近，加速

2014 年 7 月，大西高铁太原南—西安北开通运营

了人流、物流、信息流和资金流的快速流转，串起了"大西高铁经济走廊"。大西高铁与石太客专、郑西客专等连为一体，构成连接北京、河北、山西、陕西，以及华北、华中、西北、西南的高标准铁路客运网络，极大地促进了区域经济发展。

大西高铁沿线共经过9个市31个县，起点山西省大同市，自北向南贯穿整个山西省，经朔州市、忻州市、太原市、晋中市、临汾市、运城市，在山西永济跨黄河进入陕西省渭南市，一路延伸，经临潼至终点西安。从地域来看，全程贯穿山西的太原大都市区南部和介休—孝义—汾阳—平遥、临汾—洪洞—霍州、侯马—翼城—闻喜、运城—永济等五大城镇群，以及陕西省的渭南—西安—宝鸡、关中城镇群。所经地区是晋陕两地城镇最密集、经济最发达的地区，涵盖了从太原"晋商故里"到平遥"中国第一票号"，从洪洞大槐树"华人老家"到运城河东文化发祥地，再到千年古都西安这些中华文化最集中、璀璨的旅游热门城市。这条黄金线路盘活了沿线省市的旅游市场，释放出巨大的市场潜力，吸引了无数游客。

大西高铁几乎"县县设站"，沿线站房建设都体现了浓郁的地域文化特色，是我国目前设站密度最大的高铁线路，山西通过这条铁路方便了和陕西省际及山西省内各县市之间的经济文化交流，事实上起到了城际线的作用，成为山西高铁版图上具有代表性意义的重要线路，更成为秦晋两省人民的幸福路。

"蔡家崖号"承载老区人民火车梦

2018年6月21日，对于吕梁百姓来说是个好日子，这一天，从太原开往吕梁市兴县的"蔡家崖号"列车首发。这列被命名为"蔡家崖号"的K7823/2次列车承载着老区人民火热的火车出行梦，连接了省城太原和这片红色的热土。

迎着晨曦，兴县一二〇师小学的学生代表来了，忙碌在乡村间的扶贫工作者代表来了，准备外出务工的"吕梁山护工"来了，把兴县当作故乡的晋绥儿女代表来了，连当地80多岁的老战士也拄着拐杖颤巍巍地来了……大家都是来参加"蔡家崖号"客运列车通车仪式的。

85岁的温守慧，是1947年参加革命的老战士。在启动仪式现场，老人激动地一直催问身边的儿子："去看看，多会儿上车？"老人说，他以前去太原都是坐公共汽车，这次能在家门口坐上火车去太原，是老人最期盼、最高兴的一次。

20世纪五六十年代，从兴县出发到太原，只能靠徒步行走，幸运一些，或许沿路能搭乘上大卡车。那个年代，不讲究有座位，有四个轮子能代替两条腿，就是幸福！到了20世纪80年代，县里有了客运班车，早上6点就得出门，坐上车得先去宁武县阳方口或者忻州转车，去一趟太原最快也得两天。2011年，兴县有了自己的第一条高速公路，县里客运班车密集起来，大伙儿出行可直接乘车到太原。

作为革命老区，"蔡家崖号"所经沿线旅游资源丰富，蔡家崖晋绥边区革命纪念馆更是全国知名的红色旅游经典景区。为服务老区发展，中国铁路太原局集团公司将原"兴县北站"更名为"蔡家崖站"，把列车命名为"蔡家崖号"，并以红色旅游为主题对列车进行装饰。车厢里，摆放沿线旅游景点、土特产宣传页，安排乘务员专题介绍，有力带动了沿线旅游业和农特产品销售。

在蔡家崖晋绥边区革命纪念馆旁边，2018年投入运营的红色一条街上，最火爆的一家饭店当数开在尽头的永兴饭店，饭店老板白新勇是土生土长的兴县人，2003年他和妻子开了一家不大的饭店，主要客源是来往的大车司机。自从兴县旅游业逐步发展后，客流量逐日增多，越来越多的旅游团和单位乘坐"蔡家崖号"到老区参观，白新勇和妻子便扩大了饭店规模，建成了两层小酒楼。"原来是夫妻店，现在还雇了 5 个人。"白新勇一边忙碌手头的活计一边喜滋滋地说。

自从"蔡家崖号"开通以来，越来越多的人选择乘坐火车来到蔡家崖接受爱国主义教育，同时也带动了红色旅游产业。一位当地干部说："2019 年全村人均收入达到 7200 元，其中红色旅游带动的收入占比逐年提高。随着蔡家崖号列车的运行，相信我们的致富前景会越来越好。"

"蔡家崖号"开通以来，红色文化旅游产业逐步成为兴县经济的重要增长极，旅游人数和旅游收入均保持了 18% 以上的增幅。

2018 年 6 月，旅客与"蔡家崖号"列车亲密合影

公共交通　清洁能源绿色低碳

山西省在建设资源节约型与环境友好型社会中，充分发挥市场机制作用和政府引导作用，在公共交通领域推行绿色低碳转型，新能源、清洁能源得到推广应用，纯电动公交车、纯电动出租车、公共自行车和共享单车，逐渐替代传统的燃油交通工具。群众出行也更加环保方便，选择也日趋多样，1 公里以内步行，3 公里以内骑自行车，5 公里以内乘坐公共交通，越来越多的人爱上绿色出行，享受到绿色出行的快乐。

政策举措

传统机动车大量排放的尾气，是大气污染的重要来源。"十三五"以来，山西作为能源大省，将新能源汽车作为整体产业转型升级中关键的一环。2014 年，为鼓励新能源汽车的推广，《山西省加快推进新能源汽车产业发展和推广应用的若干政策措施》出台，为山西省新能源汽车的发展奠定了政策基础。

2014 年前后，太原被列入全国"新能源汽车推广应用示范城市""新能源汽车试点城市"。为推进节能减排，促进大气污染治理，太原市政府于 2014 年出台了《太原市新能源汽车推广应用实施方案》，以指导全市范围内电动车及配套设施的推广。

数字成果

2016 年，太原启动了更换纯电动出租车工作，成为全国首例，也是全球首个全部为纯电动出租车的城市。

2017—2020 年，太原市将 2457 辆公交车更换为纯电动公交车，实现市区公交车全电动化。

2021 年，交通运输部命名太原市为"国家公交都市建设示范城市"。

截至 2020 年 8 月 14 日，临汾市区 1862 辆出租车、423 辆公交车全部更换为纯电动车辆，为节能减排和环境治理做出重要贡献。

幸福故事

燃油、燃气到纯电动　太原公共交通绿色化

城市公共交通发展，对满足人民群众出行需要、缓解城市交通压力具有积极的作用。

2006 年前后，太原公共交通车辆进行油改气改造，以此减轻尾气对空气的污染。2016 年，太原启动新出租车更换工作，推动纯电动出租车上路运营，"太原模式"一时惊艳全国。2018 年，蓝白相间的新能源电动公交车驶上太原街头，太原进入纯电动公交车时代。

2021 年 4 月，太原市公交公司工作人员对电动公交车进行擦洗，为乘客营造舒适的乘车环境

1 路公交车 "并州第一车" 的美誉延续

2021 年初，社交平台上，"'并州第一车'终于换成电动车"成为热门话题。网友们附上刚刚新换的 1 路公交车小视频，或欣喜，或怀念，只为记下这一历史性时刻。

1 路公交车因线路沿太原市最大的东西向动脉道路迎泽大街行驶，连通火车站与下元两个公交枢纽，是太原市客流量最大的公交线路之一，被太原人赋予"并州第一车"美誉。

1983 年，1 路公交这条普通的公交线路悄然建立，几十辆普通的公交车逐渐驶上街头。从此，38 年风雨无阻。

2011 年 8 月 24 日，1 路线更换了 27 辆 18 米长的中通客车，这也是第三代 1 路公交车，结束了一、二代 1 路公交柴油车一发车就冒黑烟的"黑暗"历史，迎来清洁环保的天然气客车，车厢内还有了空调，市民的乘车舒适度提高了不少。

第四代 1 路电动公交车，不仅零污染、噪声低，还配置了很多新设施以及智能化设备。投币箱是智能投币箱，具备零钞查验和读数功能，乘客投币时自动识别假币，并显示投币数额。车门设有保险系统，如果车门没有关好，公交车将无法启动。车厢内安装有摄像头，对全车无死角监控。车厢设有残疾人专用踏板，可手动操作将踏板变成一个斜坡，方便轮椅上下车。

在太原五一广场附近上班的太原市民董学军，大学时就是 1 路公交车的"铁杆粉丝"："我们太原理工大的毕业学生对 1 路车是最有感情的。" 1 路车换成电动车后，董先生竖起了大拇指："之前乘坐过其他线路的电动公交车，感觉特别棒，行驶过程中又稳当噪声又小，环保又舒适，过去我就很期待每日乘坐的 1 路公交车能换成电动车，现在终于如愿了。"

纯电动出租车　提供绿色环保的出行方式

"恐怕谁也未曾料到，在中国经济版图上历来很低调的太原，居然在新能源汽车领域玩了一把'弯道超车'，而且玩得非常漂亮！"太原 2016 年更换纯电动出租车，一家媒体这样点赞。

太原市的电动出租车，采用的是比亚迪 e6 纯电车型，融合了 SUV（运动型多功能车）与 MPV（多用途汽车）设计特点，蓝白色涂装，外表时尚，车内宽敞，给乘车者提供舒适的乘车体验。

"充电结束！充电金额：20.43 元；充电电量：20.86 度；充电时长：00:30:40；完成时间：16:19:11……"在太原市东中环府东街南充电站，53 岁的太原出租车司机张福金踱步到自己的出租车旁，掏出手机，屏幕上的提示一目了然。

驾龄 10 多年的张福金，现在开着一辆比亚迪电动出租车。"充电很方便，而且花了多少钱，充了多少电，还剩多少钱，手机上一目了然，心里蛮踏实！"他感叹道。通过手机 App，司机就能查找离自

2017 年 1 月，太原电动出租车在充电

己最近的充电站，完成充电，在线支付……电动出租车，让太原出租车司机的职业生活，迈入移动互联时代。

"太原电动出租车很好看，蓝白相间，让人联想到蓝天白云。"老太原市民王茜表示，"乘坐在纯电动出租车上，即使是快速行驶也没有颠簸感，空间也很大，比以往的出租车舒适多了。过去的出租车，颜色多，牌子杂，现在整齐划一，代表了我们太原的城市新形象。"

临汾市区实现出租车、公交车纯电动双覆盖

与太原相同，临汾也在公交车、出租车更换方面走在了全省前列。临汾市民单小芳说，现在临汾市区大街上全是纯电动出租车，俨然已经成为一道亮丽的流动风景线。"之前燃气的出租车，总能闻到一股气味，很呛人；纯电动的出租车不但没有怪味，还没有噪声，空间也非常大，乘坐起来感觉舒适多了。"

"电动出租车是自动挡，不用再频繁地踩离合，驾驶体验好，劳

动强度大幅减少。更重要的是运营成本更低了，维保费更少了，一年下来，费用比燃油、燃气车省一半多，有的厂商还免费送保养。"出租车司机侯长河介绍，他自 2004 年开始从事出租车营运工作，更换纯电动出租车后，运营成本降低了不少。从燃油、燃气再到充电，他见证了临汾市出租车行业的发展变迁。

"纯电动车辆的更换，将为节能减排和环境治理做出重要贡献。"临汾市交通运输局一位工作人员表示，近年来，临汾市不断投入资金支持公交都市创建、充电（桩）站建设、出租车更新和公共自行车发展，现已全面实现市区出租车、公交车纯电动双覆盖。

地铁 2 号线　让太原驶入地铁时代

2020 年冬，载着 500 多万太原人的期盼，一条地下长龙迎着冬日晨光驶出，开启了太原地铁 2 号线的运营之旅。它用 45 分钟贯穿太原南北主骨架线路，为这座城市注入了力量和速度，让这座城市飞驰起来。

新时代的奋斗者们，用大国工匠的专注，在汗水中见证了太原地铁 2 号线一步步从图纸走到现实。太原地铁 2 号线浑身都尽显人文科技范儿，在精益求精中见证了厚积薄发。

汾水绵长，转型沃土之上，太原地铁 2 号线将与太原一起，共同见证新时代的风驰步伐。

政策举措

2012 年 6 月，《太原市城市轨道交通近期建设规划（2012—2018）》获得国家发展和改革委员会批复。

2013 年 8 月，《太原地铁 2 号线一期工程可研报告》获山西省发展和改革委员会批复。

2013 年 11 月，太原地铁首开段"中心街站"开工建设。

2014 年 4 月，《太原地铁 2 号线一期工程初步设计》获得山西省发展和改革委员会批复，项目 2016 年全面开工，2020 年 12 月通车。

数字成果

太原地铁 2 号线，是太原市轨道交通线网中南北方向的主骨架线路，南起西桥站，北至尖草坪站，沿途经过大型居民区、高科技园区、繁华商业区，对有效缓解太原交通压力、优化城市空间布局、促进经济社会发展具有重要意义。太原地铁 2 号线 2021 年 12 月运行一周年时，累计运送乘客总量超过 3800 万人次，各项运营关键指标均达到国内轨道交通行业的上乘水平，向社会交出了高质量答卷。

幸福故事

地铁开启太原人新生活

太原地铁建设，不仅是山西省会的一件大事，也是山西经济社会发展史上的一件大事。

2020 年 12 月 26 日，太原地铁 2 号线竣工通车，太原成为山西省第一个开通地铁的城市。

地铁创造了舒适、快捷的乘车体验

太原地铁 2 号线采用 6 编组 A 型不锈钢的全自动运行车辆，列车运行最高速度 80 公里 / 小时，单程运行时间约 45 分钟，行车间隔 7 分 30 秒。在地铁站台行人等待区的上方，相隔不远就会有一个显示屏，分别显示着离站点最近一班车和下一班车的到站时间。

太原市民张嫣家住尖草坪区，上班地点在长风街附近。以前，她开车上班经常堵车，下班得等车流量少了才回家。太原地铁2号线开通后，张嫣每天步行或骑共享单车到地铁站乘车，不再担心出行问题了。"一天下来也就花费8元钱，还不用担心停车难的问题。另外，我还专门下载了'听景'App，进出车站时，通过人脸识别实现即刷即走。"张嫣说。2021年腊月，太原钟楼街开街，太原市民陈虹和朋友乘坐地铁去钟楼街购物。虽然家离地铁站有点远，但她外出办事、逛街，仍喜欢乘坐地铁。陈虹说："地铁速度是真快！现在我和周边朋友、亲戚出行都首选地铁。"

为打造"绿色地铁"，太原地铁在前期的规划、设计、建设和运营中，引入了更多的绿色理念和方法，创造了多项"第一"：全国第一个首条线路即采用全自动运行的城市、首个承载全自动运行系统的云计算平台、全国首条线路所有进出站闸机全部采用基于人工智能的

时尚大气的太原地铁2号线乘客出站口

人脸识别技术。

太原地铁 2 号线采用节能创新技术应用，大幅降低了能耗与站内二氧化碳的浓度，实现了"高舒适、低能耗"的"绿色地铁"，为乘客提供舒适、便捷、智慧、安全的出行体验。为方便老年人乘坐地铁，太原地铁 2 号线上线了老年人公交地铁一卡通，65 岁及以上老年人持太原市公交老年卡直接刷卡进站；或持本人身份证，在地铁站客服中心人工售票窗口注册后，即可"刷脸"进站免费乘坐地铁。

地铁讲述着悠久厚重的"山西故事"

秉承"以人为本"的理念，太原地铁 2 号线利用车站空间和太原地铁"听景"App 的一体化运营，以多元艺术手段，多维度展示山西和太原厚重的历史文化，打造成为"游山西·读历史"的重要旅游集散中心，构建太原乃至山西的重要文化地标。

太原地铁 2 号线 23 座车站按照装修类型分为 10 座特色站、9 座标准站、4 座裸装站。10 座特色站一站一景，赋予具有山西特色、太原特色的文化主题；9 座标准站提取了中国传统建筑坡屋顶的造型元素，以土黄和浅灰作为空间色调，强调标准化，便于建设和维护；4 座裸装站运用混凝土设计装修技术，展现都市工业本色风格。通过文化、艺术、广告与灯光的有机结合，太原地铁 2 号线展现出高品位的空间体验和良好的视觉纵深体验。

在太原地铁 2 号线大南门站，"乘地铁游山西、游山西读历史"的巨幅长卷格外醒目。站台墙壁上，双塔凌霄等"古晋阳八景"线描艺术画，汾河晋阳桥等太原新地标动态滑轨屏，山西博物院镇馆之宝晋侯鸟尊、晋公盘、兽面纹方瓿裸眼 3D 展示，太行山、雁门关、黄河壶口瀑布浅浮雕等渐次显现；地铁车厢内，一幅幅展示山西景点、名胜古迹、人文历史的图片美不胜收，一个个体现三晋大地厚重历史、表里山河壮美景象、古都晋阳璀璨文脉的艺术元素，将地铁 2 号线打造成一道古韵今风的"艺术长廊",使人们在地铁出行中品游山西,感受"绿色地铁、人文地铁、智慧地铁"的魅力。

地铁时代呼啸而来,新的都市商圈、新的城市格局、新的交通模式,更为城市发展增添红利,引领太原驶向更美好的未来。

后　记

　　习近平总书记指出，全面建成小康社会是实现中华民族伟大复兴中国梦的关键一步。全面建成小康社会，不仅要做得好，而且要讲得好。

　　为纪录党领导人民打赢脱贫攻坚战、全面建成小康社会的奋斗历程，纪录三晋大地脱贫攻坚的经验成效和建设小康社会的生动实践，纪录三晋儿女在党的领导下团结携手迈进全面小康的幸福生活，为时代留影，为历史存证，我们按照中宣部统一部署，特出版"纪录小康工程"丛书（山西卷）。

　　《全面建成小康社会山西变迁志》是丛书之一，分为《幸福生活篇》《社会保障篇》《教育学习篇》《劳动就业篇》《医疗健康篇》《住房城建篇》《文体休闲篇》《人文旅游篇》《生态环境篇》《交通出行篇》十大篇章。每个篇章的内容都与普通百姓生活息息相关、密切相连，都从政策举措、数字成果、幸福故事三个角度呈现，以小见大、以点带面，以一个人、一个集体的故事，反映山西人民的小康生活、幸福状态，展现最真实、生动、可感的生活变革，力图从个人生活反映群体面貌，从不同侧面折射社会发展的巨大进步，讲好山西故事，全方位纪录全面建成小康社会历史进程中山西人民群众的幸福模样。

　　在本书的编写过程中，中共山西省委农村工作领导小组办公室、山西省农业农村厅、山西省教育厅、山西省公安厅、山西省卫生健康委员会、山西省工业和信息化厅、山西省国有资产监督管理委员会、山西省民政厅、山西省生态环境厅、山西省住房和城乡建设厅、山西省交通运输厅、山西省文化和旅游厅、山西省商务厅、山西省乡村振兴局、山西省林业和草原局、中国铁路太原局集团有限公司（排名不分先后）等给予大力支持，特此鸣谢。

纪录生活变迁，见证时代发展。发展为了人民，发展依靠人民，发展成果由人民共享。全面建设小康社会的历史进程，是由所有参与其中的人共同书写的。"人民生活更加殷实"的美好愿景已成现实，新的征程已经展开，让我们共同努力，在时代发展的蓝图里奏响更幸福的乐章，向着共同富裕迈出更坚实有力的步伐！

本书编写组

2022 年 7 月